Javier Medina López

Historia de la lengua española I
Español medieval

ARCO/LIBROS,S.L.

CUADERNOS DE
Lengua Española
Dirección: L. Gómez Torrego

1.ª edición, 1999.
2.ª edición, 2003.

Juan Bautista de Toledo, 28. 28002 Madrid
ISBN: 84-7635-382-0
Depósito legal: M-40.056-2003
Printed in Spain – Impreso por Ibérica Grafic, S. A. (Madrid)

ÍNDICE

INTRODUCCIÓN

Iniciamos con este volumen una serie de tres cuadernos dedicada a la Historia del español. El presente se centra en el español medieval, al que le seguirá otro que contemplará los siglos de oro (XVI y XVII) y un tercero que cubrirá el siglo XVIII. Como establece la línea editorial de la colección «Cuadernos de Lengua española» de Arco/Libros, el fin principal de este cuaderno es el de presentar –de la forma más clara y sencilla que nos permita la propia materia estudiada– el nacimiento, formación y desarrollo de los principales rasgos de la lengua española.

Cualquiera que esté familiarizado con el estudio histórico de nuestra lengua conoce la abundante nómina de trabajos que –bien en forma de monografías o manuales, bien a través de capítulos o artículos específicos– da cuenta de los múltiples y variados aspectos que constituyen la historia general del idioma. Y esta realidad se hace todavía más compleja si se consideran las distintas fases del desarrollo lingüístico (por ejemplo, la división tradicional en dos grandes normas) o si se tiene en cuenta la expansión del español por el mundo: el que se refiere a la historia del español americano, así como la suerte que corrió la lengua en otros dominios europeos, africanos o asiáticos (como es el caso del español en las islas Filipinas). Toda esta visión, compleja, amplia y llena de matices, convierte el estudio histórico de la lengua en una fuente prácticamente inacabada de datos: siempre hay un texto por transcribir o que ha sido recientemente descubierto, una etimología que necesita ser corregida o matizada, una aportación novedosa en este o aquel terreno... Por todo ello, el lector interesado encontrará en estas páginas algunos aspectos a los que la investigación lingüística ha prestado más atención: lenguas prerromanas, la llegada del latín a la Península, la importancia del sustrato, las aportaciones posteriores (el componente germánico, la presencia árabe...) para adentrarnos seguidamente en una comparación de la estructura básica del latín clásico y lo que se conoce como los «orígenes del idioma» y el llamado «español medieval», apartado éste que ocupará la segunda parte del *Cuaderno.* Este tipo de análisis no puede estar al margen del contexto histórico-social en el que la lengua histórica se ha formado, razón por la cual se ofrece un esbozo de los principales acontecimientos que han constituido la historia del período contemplado.

Sobra decir que para mayor información existe una importantísima nómina de estudios desde los clásicos de Menéndez Pidal o Rafael Lapesa hasta las aportaciones más recientes que recojo en la bibliografía sucinta. He tenido también que obviar –en favor de la claridad expositiva– un buen número de temas que sé que han sido motivo de interesantes y a veces controvertidos puntos de vista sobre aspectos diacrónicos de nuestra lengua tratados por reconocidos especialistas. Así mismo, he procurado ofrecer unas evoluciones sencillas, sin excesiva carga de símbolos fonéticos cuya comprensión, para un lector poco acostumbrado a este alfabeto, le resultaría compleja.

A pesar de los años transcurridos, siguen siendo una referencia necesaria las obras de Menéndez Pidal (*Manual de gramática histórica española* y *Orígenes del español. Estado lingüístico de la Península Ibérica hasta el siglo XI*) y la de Rafael Lapesa (*Historia de la Lengua Española*). La huella de estos autores es perceptible en numerosos trabajos posteriores que han seguido los caminos iniciados entonces; en otros casos se han matizado o corregido algunos puntos de vista ofrecidos por estos dos maestros de la escuela lingüística española.

I. LAS LENGUAS PRERROMANAS Y LA ROMANIZACIÓN

1.1. Los tiempos remotos

La realidad lingüística de la Península Ibérica antes de la llegada de la lengua latina es el período menos conocido de la historia general de nuestra lengua, si bien es cierto que en los últimos decenios las noticias que se tienen de esa etapa han experimentado un notable avance gracias a nuevos descubrimientos y a la revisión de no pocas hipótesis anteriores. Como suele ocurrir en este tipo de circunstancias, son los restos arqueológicos y humanos, los instrumentos hallados en las sucesivas excavaciones, la comprensión de la mitología, la huella del arte, el análisis de las inscripciones lapidarias y de la numismática, entre otros, los que han favorecido una mejor aproximación a este período que se remonta a miles de años atrás.

El conocimiento de las lenguas y los pueblos prelatinos en Hispania (así fue denominada la Península Ibérica por los romanos) es fundamental, pues ayuda a entender el posterior desarrollo e implantación de la lengua latina en esta zona del mundo románico. Ahora bien, antes de emprender un repaso somero por los principales pueblos y sus lenguas en esta región, cabe hacer una serie de consideraciones que –como ha indicado Cano Aguilar (1988: 16-26)– nos ayudan a situar y valorar esta realidad en su justa medida. Es indudable que dado el mayor o menor (y a veces nulo) conocimiento que se tiene de todo este período, sólo interesan aquellos hechos que guardan relación con lo que luego fue la expansión del latín en la Península, cómo éste fue hablado por los pueblos que la habitaban y qué repercusiones lingüísticas, por tanto, tienen esas comunidades en la posterior asimilación de la lengua y cultura latinas. En última instancia, interesa saber qué hábitos lingüísticos constituyeron (o habrán podido ser) el germen de lo que, muchos siglos después, fue el origen del protorromance o castellano antiguo. Y esta circunstancia es válida, como es obvio, para todo el mundo románico, ya que los efectos de la romanización fueron similares para todas las regiones conquistadas: desplazamiento de las lenguas vernáculas y nacimiento posterior de las nuevas lenguas románicas.

Siguiendo esta misma argumentación, también hay que considerar llegados a este punto dos hechos: (a) la *realidad étnica y cultural* de los diferentes pueblos (en muchos casos interrelacionados, pero en otros con tradiciones, creencias, organización socioeconómica o religiosa distintas) y por otro (b) la *realidad lingüística* (que también puede o no coincidir).

La mayor parte de los manuales de Historia del español dedica un apartado inicial a la situación prerromana de la Península. En estos manuales, y dependiendo mucho del avance de las investigaciones en cada momento, se indican los pueblos, las posibles relaciones entre ellos, su grado de desarrollo, los parentescos lingüísticos o su huella en el español actual (especialmente a través de la *sufijación* y del *léxico toponímico*).

La Península estaba habitada por numerosos pueblos de diferente origen y lenguas que sobrepasaban los límites administrativos nacionales que hoy delimitan los países vecinos de Portugal y Francia. Puede decirse *grosso modo* que se distinguen dos áreas de gran influencia: por un lado la llamada zona *ibérica* (que incluiría los *tartesios*) y por otro los pueblos de origen *indoeuropeo* (con presencia de pueblos no *célticos* y otros de clara procedencia céltica). Si describimos las principales *áreas*, obtenemos sucintamente el siguiente panorama [*cfr.* Tovar, 1968; Lapesa, 1981; Cano Aguilar, 1988 y Lleal, 1990]:

[A]. ÁREA CANTABROPIRENAICA: *astures, cántabros* y *vascones*. La cordillera cantábrico-pirenaica, y a ambos lados de los Pirineos, estuvo habitada por estos pueblos que, según todos los indicios, no conocían la escritura y compartían una desigual organización social y económica. Como tantas veces se ha señalado, las condiciones físicas del terreno (grandes valles incomunicados por las cordilleras) hicieron que en estas zonas el contacto con otros pueblos y otras culturas haya sido menor que en la franja mediterránea o central de la Península. A menudo se indica que la lengua hablada en esta región puede señalarse como un estadio remoto del *vasco* actual, aunque es evidente que aún desconocemos muchas de las posibles interferencias entre aquella lengua o conjunto de lenguas y las de otros pueblos (como, por ejemplo, el contacto que debieron tener con los íberos del interior peninsular). En todo caso, toda esta región comparte elementos lingüísticos preindoeuropeos, algunos de los cuales son más fácilmente reconocibles hoy en la toponimia: *gorri* 'rojo', *berri* 'nuevo', *etxe* 'casa', *erri* 'lugar'.

[B]. ÁREA IBÉRICA: *ceretanos, indigentas, ausetanos, ilergetas, layetanos, edetanos, contestanos.* Ocuparían toda la franja del Sureste, desde la Andalucía Oriental hasta Valencia y Cataluña (sobrepasando los límites pirenaicos) y el Valle del Ebro entre los siglos VII y el III a. de C. En realidad, la denominación *íbero* no hace referencia a un pueblo en concreto, sino que aglutina todo un conjunto de elementos culturales y migratorios de gran importancia en la antigüedad (de distintas épocas y procedencias diferentes) que llegó a la Península y que se encontraban diseminados por ella cuando arribaron los latinos. Algunos historiadores distinguen dos grandes grupos ibéricos: la zona meridional (la Andalucía oriental hasta la franja mediterránea del norte de Murcia) y la región levantina (desde el Sur de Alicante hasta el sur francés). Lingüísticamente, debieron de hablar una lengua más o menos común que ha podido ser parcialmente interpretada, sobre todo a raíz de las numerosas inscripciones en plomo, piedra o cerámica que los descubrimientos arqueológicos han revelado.

[C]. ÁREA INDOEUROPEA: *vacceos, vettones, verracos/arevacos, carpetanos, oretanos, lusitanos.* Desde el primer milenio a. de C. se sabe que ya hubo constantes migraciones de pueblos que procedían del centro de Europa fundamentalmente y con base indoeuropea. El grupo más conocido es quizá el *céltico.* El contacto con los íberos debió de ser de tal intensidad que los romanos acuñaron el término *celtiberia,* probablemente por la absorción de la escritura ibérica por parte de los celtas.

[D]. ÁREA TARTESA: *tartesios* (*turdetanos* o *túrdulos*). Extendidos por la Baja Andalucía y el Sur de Portugal. Conocieron la escritura, basada inicialmente en caracteres silábicos y más tarde –según el contacto con otros pueblos– con signos silábico-alfabéticos.

[E] ÁREA GALAICA: *galaicos.* En el extremo noroccidental de la Península se desarrolló una cultura de base urbana (con numerosos *castros* o poblados) que guarda estrecha relación con las corrientes migratorias que se producían a través del Atlántico y que conecta directamente con los asentamientos culturales británicos. Son los llamados *galaicos.*

Otras zonas de relativa importancia son las colonias orientales asentadas en el Sur y en Levante. Entre ellas contamos con los *fenicios,* quienes establecieron relaciones comerciales en la parte meridional de la Península. Nombres de origen fenicio, algunos con evoluciones o interferencias posteriores, son: *Cádiz* (< GÁDIR) que fue fundada en el 1100 a. de C.; *Málaga* (< MÁLAKA); *Medina Sidonia* (< SIDÓN); *Adra* (< ABDERA). El nombre de *Hispania* (< *ISE-PHAM-IM) 'tierra (isla/costa) de conejos' fue tomado por los romanos de este pueblo, en contra del dado por los griegos (*Iberia*). Los *cartagineses* –que continuaron con la labor emprendida por los fenicios en el Sur– fundaron *Cartagena* (< CARTAGO), *Mahón* (< PORTUS MAGONIS) o *Ibiza* (< EBUSUS). Los *griegos* tuvieron especial protagonismo en ciudades como *Alicante* (< LUCENTUM), *Rosas* o *Ampurias* (< EMPORION). Intenso fue el contacto entre la cultura griega y las civilizaciones orientales que dio origen al arte ibérico.

Llegados a este extremo, podríamos hacernos las siguientes preguntas: ¿cuál es la huella de las lenguas prerromanas en la Península?, ¿qué ha perdurado de ellas? y ¿qué garantías tenemos hoy en día para asegurar que tal o cual término procede de uno de esos sistemas lingüísticos utilizados en la Antigüedad? La respuesta está llena de incógnitas que vienen condicionadas por el desconocimiento de toda esa realidad lingüística anterior. Lo que sí es cierto, tal y como indica Cano Aguilar (1988: 19), es que las lenguas prerromanas tienen un aprovechamiento relativo, pues ninguna de ellas sobrevivió, salvo el *vasco* que llega hasta nuestros días.

Lapesa (1981: 18-20) muestra cómo la toponimia mayor y menor [los nombres de las poblaciones] constata –en muchos casos con derivaciones posteriores debido a otras aportaciones lingüísticas– el trasiego de pueblos de diverso origen. Así, por ejemplo, se recoge en las coincidencias entre topónimos españoles y otros italianos o franceses que tienen como fuente la inmigración «ligur»: *Langa, Berganza* y *Toledo* tienen equivalencias en *Langa, Bergenza* y *Toleto* en el Piamonte y en la Lombardía italianos. También los sufijos -ASCO (*Beasque, Viascón, Girasga, Retascón, Tarascón, Piasca, Benasque, Balasc, Magasca, Benascos*), -OSCO, -USCO (*Amusco, Ledusco, Orusco, Biosca*), -ONA (*Barcelona, Badalona, Ausona, Tarazona*) o las formaciones sobre la raíz *BORM, *BORB, *BORN (*Bermela, Bormate, Bormujos, Bornos, Borbén*). De igual forma, en las ciudades fundadas por los celtas se aprecian los nombres guerreros compuestos con la base BRIGA 'fortaleza' o con OSEGO 'victoria': CONIMBRĬGA > *Coimbra*, MUNDOBRĬGA > *Munébrega*, BRIGANTIUM > *Betanzos*, BRIGAETIUM > *Benavente*, SEGONTIA > *Sigüenza*, SEGŎVIA > *Segovia/Sigüeya* (en León); un sinónimo de aquél es DUNUM que se aprecia en *Navardún* (Zaragoza), *Berdún* (Huesca), *Verdú* y *Salardú* (Lérida). También celta es el sufijo -ACU: *Luzaga*, *Buitrago*, *Sayago* o los formados con BEDUS 'zanja, arroyo': *Bedoña* (Guipúzcoa), *Begoña* (Vizcaya), *Bedoya* (Santander), *Bedoja* (La Coruña) o sobre CLUNIA como *Coruña* o ARGANT- 'plata': *Arganda*.

Por su parte, el vocabulario preindoeuropeo ofrece también grandes dificultades para su clasificación. Dice Cano Aguilar (1988: 21-24) que pueden catalogarse como tales palabras que se refieren a accidentes geográficos como *cueto* 'cerro', *barranco*, *alud*, *barro*, *arroyo*, *charco*, *balsa*; otras que tienen que ver con las plantas: *chaparro* 'mata de encina o roble', *carrasca* 'encina', *mata* 'conjunto de árboles o arbustos'; animales: *sapo*, *becerro*; así como *legaña*, *sarna*, *¿sobaco?*, *abarca*, *cama*, o todo un conjunto de sufijos toponímicos de escasa vitalidad hoy en día: -IECO, -UECO, -'*ala*, -'*ara*, -'*aga*, -'*ana*, -'*ama*. Por otro lado, voces celtas peninsulares son *álamo*, *huelga* (*Las Huelgas*), *comba*, *brezo*, *greñón* y *greña*, *¿porra?*, *colmena*, *gancho*, *huero*, *brío*; o el sufijo -IEGO apreciable en palabras como *andariego*, *mujeriego*, *gallego*, *manchego*, *labriego*, etc.

1.2. LA CUESTIÓN DEL SUSTRATO PRERROMANO

Buena parte de los asuntos referidos en los párrafos anteriores ha puesto de manifiesto un hecho indiscutible: la influencia (directa o no y en qué grado) de las lenguas prerromanas en la etapa que a continuación analizaremos: la llegada del latín y su asentamiento en la Península Ibérica. En efecto, uno de los focos de atención de la Romanística desde el siglo XIX ha sido precisamente delimitar hasta qué punto la posterior descomposición y diversificación del latín en nuevas lenguas se debe directamente o no a los hábitos articulatorios, léxicos o gramaticales de los pueblos que habitaban las tierras allí donde se impuso la lengua de Roma. Este influjo de abajo hacia arriba es lo que se conoce como *sustrato* (término propuesto por el italiano G. I. Ascoli y el alemán A. Schleicher en el siglo XIX). Recurrir a explicaciones de tipo sustratístico para justificar los procesos de cambio lingüístico operados en el latín ha sido un mecanismo muy frecuente, aunque no está exento de numerosos problemas, en muchos casos, de difícil solución. Algunas de las objeciones planteadas a la explicación sustratística son:

- El desconocimiento del sistema lingüístico de las lenguas primitivas.
- Ausencia de datos sobre el espacio geográfico que realmente ocuparon dichas lenguas.
- La no coincidencia geográfica unida al hecho de compartir una misma lengua. Es decir, un fenómeno se atribuye al efecto de un sustrato en territorios distintos, pero, sin embargo, esos mismos territorios no compartieron los mismos grupos poblacionales. Entonces ¿a qué se debe esa coincidencia?
- El gran espacio transcurrido desde el inicial contacto y la manifestación lingüística del cambio.

Un sector de la crítica lingüística señala lo arriesgado y fragmentario de las explicaciones sustratísticas, tal y como ocurre con numerosas descripciones de tipo estructural que han dado prioridad a las explicaciones de «orden interno», sin considerar las complejas variedades sociolingüísticas que se hayan podido producir en otros tiempos. No hay que olvidar, en modo alguno, que en última instancia la acción del sustrato se debe a un esfuerzo de asimilación y de imitación de los hábitos articulatorios de la lengua que se impone. En ese mecanismo –al margen de las consideraciones sociológicas a que haya lugar (prestigio de la nueva lengua, poder militar y económico, la lengua de la cultura...)–, el hablante se esfuerza en reproducir un esquema fónico, por ejemplo, que en muchos casos está ausente en su lengua materna. Surge entonces ahí la posible acción sustratística. La huella del sustrato es más fácilmente perceptible en el terreno del léxico (onomástica y toponimia) que en el campo de la fonética y, a gran distancia, en el gramatical.

También hay que considerar que lo que se llama romanización (*cfr.* 1.3.) fue un proceso muy lento e intenso y que durante mucho tiempo se dio una etapa de bilingüismo/multilingüismo entre la población aborigen por un lado y el poder romano por otro. Tampoco, como se sabe, todas las zonas de la Península fueron romanizadas con la misma intensidad ni al mismo tiempo, circunstancia que prolongó, aún más, la alternancia de lenguas. Para Lapesa (1981: 37), en la formación del romance no hay que considerar como único factor la presencia de primitivos sustratos, pues la presión de la cultura latina debió de mitigar cualquier intento de afianzamiento aborigen (excepto el caso vasco). A juicio de este autor:

> cuando un fenómeno propio de una región es muy raro o desconocido en el resto de la Romania, si en el idioma prelatino correspondiente existían tendencias parecidas, debe reconocerse la intervención del factor indígena.

La «Escuela Lingüística Española», encabezada por Menéndez Pidal, ha propuesto la «Tesis de la latencia activa», según la cual se trata de dar respuesta al largo período transcurrido entre el momento del contacto y su manifestación. Decía Menéndez Pidal (1950: 7):

> Para salvar la objeción cronológica, esto es, la distancia entre la desaparición de la lengua de substrato y la aparición de los primeros testimonios, bastan esos dos conceptos históricos: la plurisecular duración de un proceso lingüístico y el estado latente en que perdura toda innovación antes de hacerse manifiesta.

Algunos autores asocian el paso /f-/ > /h-/ al sustrato «vasco-cántabro-ibérico» (Menéndez Pidal, 1980: 121-124 y 1950b: 198 y ss.). Este comportamiento –muy frecuente según ciertas condiciones fonéticas en español y gascón–, también se registra en otras zonas románicas donde, sin embargo, no hubo asentamientos vascos, como son el Norte de Italia, en dialectos rurales del rumano y en el macedo-rumano, en zonas de Cerdeña, etc. Lloyd (1993: 349) señala, en este sentido, que «el paso de /f/ a /h/ es uno de los más frecuentes en todo tipo de lenguas a lo largo y ancho del mundo, y, por lo tanto, no está limitado al romance». También la ausencia en español del sonido labiodental /v/, en contra de lo que ocurre en otras áreas románicas (cierto es que existió en el español antiguo, aunque no en el Norte) se ha relacionado con el fenómeno anterior. De igual forma se vincula a un sustrato vasco la reducción vocálica que se operó en el castellano: un sistema con cinco fonemas /a/, /e/, /i/, /o/, /u/ con tres grados de abertura [máxima, media y mínima] frente a las diez vocales del latín clásico y las siete del latín vulgar hispánico. Se atribuye también al sustrato vasco la palatalización

/λ/ de los grupos iniciales PL-, (PLORĀRE > *llorar*), KL- (CLAMĀRE > *llamar*), FL- (FLAMMA > *llama*); la anteposición de una vocal (epéntesis) en palabras que comienzan con sonido [rr]: REPENTĪRE > *arrepentir*, RUGĀRE > *arrugar* [en vaco: RŎTA > *errota*; RĔGE > *errege*]. Voces de origen cantabropirenaico son ARROIL 'foso', 'canal' > ARRUGIA > *arroyo*; BAIKA 'ribera' > *vega*; MIN 'encendido' > *minio*; SOBA 'cueba' > *sobaco*; PIZAR 'fragmento' > *pizarra*; EZKER > *izquierda*; ZATAR 'trozo' > *chatarra*.

En el *sustrato celta*, por su parte, numerosas son también las coincidencias en distintos territorios románicos allí donde hubo asentamientos de este pueblo. Los fenómenos en los que parece haber mayor consenso son los que se refieren a la sonorización de las consonantes oclusivas sordas /-p-/, /-t-/, /-k-/ > /-b-/, /-d-/, /-g-/ y las evoluciones posteriores de los grupos latinos /kt/ > /it/ o /ĉ/ (LACTE > *lait*, fr.; *leche*, esp.; NŎCTE > *nuit*, fr.; *noche*, esp.) o /ks/. El grado de bilingüismo –intenso en la Lusitania y en la zonas centrales de la Península– entre el celta y el latín motivó la adopción de numerosos préstamos ya incorporados por el latín en épocas anteriores a su llegada a Hispania o ya en el propio territorio peninsular: CAMISIA 'prenda interior', CARRUS 'vehículo', CERĒVISĬA 'agua de cebada' > *cerveza*, PŎRCUS 'cerdo', TAURUS 'toro', CAPANNA 'choza', BRIGUS 'fuerza' > *brío*, ALAUDA 'alondra' > *alondra*, VASSALLUS 'esclavo' > *vasallo*, LAUSIA 'piedra plana' > *losa*, VROICEOS 'arbusto' > *brezo*, SENARA 'trozo de tierra' > *serna*, BETULLA 'abedul', BRINCEA 'fibra' > *brizna*, BRISCA 'panal' > *bresca*, BRACA 'calzón' > *braga*...

Relacionados con el sustrato están también otros dos conceptos que han supuesto un intento más de ofrecer respuesta al porqué de los cambios lingüísticos. Me refiero a los términos *superestrato* y *adstrato*. En el primer caso, se trata de la influencia ejercida por una lengua invasora sobre otra que, sin embargo, en vez de desaparecer permanece firme. No obstante, a pesar de esta circunstancia, la lengua invadida «puede» verse influida por superestrato ante la presión de la otra. Ocurrió así, por ejemplo, durante las invasiones bárbaras en el imperio romano. Los latinos, lejos de abandonar su lengua para adoptar la de los invasores, siguieron conservándola, aunque dejándose influir por las lenguas germánicas en algunos campos. Pueden señalarse también otros ejemplos de superestrato en la influencia ejercida por el español sobre las lenguas indígenas americanas que llegan hasta nuestros días, del inglés en numerosas lenguas del mundo, etc.

En el segundo caso, el *adstrato* significa el influjo entre dos lenguas que, después de haber convivido en un mismo territorio, luego se separan y viven en territorios distintos o llegan a ser lenguas vecinas. A partir de entonces, pueden advertirse influencias en cada una de las lenguas debido a complejas razones sociales y lingüísticas en la mayoría de los casos.

Aceptados los términos anteriores, hay que señalar que hoy en día esta nomenclatura está siendo reemplazada por conceptos y propuestas teóricas más modernas como son los de *interferencia, transferencia, code-switching, bilingüismo, multilingüismo, intercambio de códigos, variedades fronterizas,* etc., todos englobados dentro del concepto general de «lenguas en contacto» (Medina López, 1997; Siguán, 2001).

1.3. Romanización de la Península Ibérica

Se entiende por *romanización* el proceso a través del cual la Península Ibérica es conquistada, sometida e integrada en el orden político, social y lingüístico que el poder de Roma imponía allí donde iba anexionando tierras, en otros tiempos en manos de pueblos de diverso origen, tal y como acabamos de ver en las páginas anteriores. Esta romanización ha sido fundamental para la Historia general de la Humanidad –especialmente para la Occidental, aunque no sólo– pues a partir de este momento un amplio territorio de la antigua Europa compartirá una misma base administrativa, social, cultural y lingüística. Será la lengua latina el origen de las modernas lenguas románicas (portugués, gallego, español, catalán, provenzal, francés, italiano, retorrománico, italiano, rumano, sardo, además de toda la complejísima dialectalización románica). Es, como puede considerarse, un proceso de extraordinaria relevancia que merece ser tenido en cuenta, sobre todo, si se quiere comprender la situación lingüística actual del mundo románico, la herencia de las tradiciones latinas que aún perduran, el conocimiento del Derecho romano también vigente (aunque adaptado), el desarrollo socioeconómico de unas regiones frente a otras, las comunicaciones entre las mismas, la importancia del cristianismo, etc. Téngase en cuenta que los romanistas han acuñado el término *romania nueva* para referirse a aquellos territorios donde no se habló latín, pero sí una lengua derivada del mismo: Canarias, toda la América hispánica y de influencia portuguesa, el Canadá y las Guayanas francófonos, los enclaves asiáticos donde se hablan lenguas derivadas del latín...

Desde el siglo IV a. de C., Roma ya había iniciado su expansión por toda la Península Itálica y como consecuencia de su política expansionista –en constante lucha con Cartago– se inicia la *primera guerra púnica*. Desde este momento, los latinos lograron hacerse con el control de importantes enclaves mediterráneos, entre ellos algunos de la costa occidental hispánica.

El año 218 a. de C. es la fecha que los historiadores señalan como el comienzo definitivo de la conquista de la Península Ibérica por las tropas romanas, una vez que se produjo la *segunda guerra púnica* con el desembarco de los Escipiones en Emporion (hoy Ampurias). Hacia el año 209 a. de C. Cornelio Escipión tomó la ciudad de Cartago Nova, y poco después Gadir, la antigua colonia fenicia, cayó en manos de los romanos (año 206 a. de C.).

La incorporación de Iberia se produjo lentamente (duró más de dos siglos) y con desiguales resultados según las zonas iban adquiriendo un mayor o menor grado de fidelidad hacia el nuevo orden establecido. De hecho, hasta el año 197 a. de C. las autoridades romanas no dividen claramente el territorio hispano y se le considera una provincia más del Imperio. Nacen así las dos provincias: *Citerior* y *Ulterior*.

Indudablemente, hubo focos de resistencia ante el invasor por parte de los pueblos aborígenes, como ocurrió con los enfrentamientos en la Lusitania (anexionada hacia el 137 a. de C.) y en la Celtiberia (anexionada en el 133 a. de C.). Con su poderío militar, Roma se había ido extendiendo por toda Italia y sus islas vecinas, y ya desde el siglo II se añaden Iliria, Macedonia, Grecia, el Norte de África y la Galia Narbonense; a partir del siglo I se incorporan Asia Menor, Galia, Egipto, el Sur del Danubio y los Alpes. La conquista de Hispania puede darse por finalizada en tiempos de Augusto (19 a. de C.), con el definitivo sometimiento de cántabros y astures.

La romanización hispánica se produjo con una base social distinta a la que se había trasladado a otras zonas del Imperio más próximas a Roma. Ahora llegan colonos, comerciantes, soldados, licenciados, funcionarios de la administración imperial, arrendatarios y también gente de baja estima social, lo que sin duda condicionó el latín hablado en esta nueva provincia, amén de otras circunstancias que luego se verán.

Roma también llevó a cabo un reajuste administrativo de las

antiguas provincias Citerior y Ulterior. De tal manera fue así, que una parte de la Ulterior quedó anexionada por la Citerior, que ahora se denominará *Tarraconense*, considerada provincia imperial; el resto de la Ulterior se subdividió en dos nuevas provincias: la *Baetica* (bajo el control del Senado) y la *Lusitania* (provincia imperial). La organización social de Hispania refleja, al menos en un principio, la equivalente estructura romana: la existencia de una población (*cives*) con ciudadanía plena (*romani*) y aquellos que la tenían limitada (*latini*); habitantes libres (*incolae*) sin derecho a ciudadanía o los libertos (*liberti*) y los esclavos (*servi*). Con el transcurso del tiempo, y a medida que la romanización se hizo más efectiva, los nativos fueron poco a poco obteniendo el derecho a la ciudadanía, hasta que en tiempos de Caracalla (s. III d. de C.) se generalizó este derecho para la totalidad de la población del Imperio (Lleal, 1990: 32).

A partir de este momento interesaban dos aspectos: por un lado el control de la administración local y, por otro, la urbanización del territorio, de ahí que surgieran numerosos *populi*, *civitates*, *municipia* y *coloniae*. En todos ellos se imitaba el modo de vida de Roma, sus sistemas de gobierno, el trazado de las ciudades (vías, acueductos, plazas...), asambleas de ciudadanos, estructura militar, técnica y agrícola, manera de vestir, costumbres, religión, así como el derecho a la propiedad privada y la esclavitud.

En un territorio tan amplio como Hispania el proceso fue lento. Por esa razón no todas las regiones fueron romanizadas con la misma intensidad. Varios factores de diversa índole ayudan a entender el grado de romanización y el tipo de latín hablado. Así, por ejemplo, la romanización más intensa y antigua fue la de la Bética (Itálica se fundó en el 206 a. de C., y Córdoba, ciudad señorial y patricia, en el 169). Un hecho de relevancia social que indica el grado de integración de Hispania en el conjunto del Imperio es la presencia de senadores hispanorromanos en su capital y cómo la oligarquía local también tuvo un papel destacado en los círculos de poder romanos, tal y como lo atestiguan los nombres de Séneca, Quintiliano, Marcial, Columela, Trajano, Adriano o Teodosio, estos tres últimos convertidos en Emperadores. Claro que, en el lado opuesto, hubo zonas de mayor resistencia, como es el caso del centro, oeste y norte de la Península, donde después de mucho tiempo todavía perduraban esquemas pertenecientes a la etapa prerromana hasta, al menos, el siglo III d. de C., e incluso en el V (final del imperio romano de Occidente) todavía la romanización tenía graves dificultades de asentamiento en las cordilleras cantábricas. Según informa Coloma Lleal (1990: 35):

> la romanización se produjo a partir de las ciudades, pero esto no debe interpretarse como si se tratara de un proceso mecánico: numerosas fundaciones romanas aparecieron cuando todavía estaban vivas las lenguas prerromanas, hecho que se refleja en el carácter híbrido de los nuevos nombres, en los que elementos celtas o protovascos conviven con nombres personales romanos: *Gracchurris, Brutobriga, Iuliobriga, Caesarobriga, Octaviolca, Augustobriga, Flaviobriga, Iria Flavia,* etc., estas últimas de finales del siglo I de nuestra era.

Ya hemos hecho mención al grado de bilingüismo/multilingüismo que debió de darse en los primeros contactos entre los latinos y las poblaciones nativas. En esta lenta romanización las poblaciones fueron abandonando, poco a poco, sus lenguas vernáculas para entenderse con los soldados, funcionarios, gestores o colonos de Roma. Y a la vez que esto sucedía en el plano lingüístico, también iban asumiendo la estructura social, sus costumbres o su religión y su mitología (TANIT fue *Iuno*; MELGART = *Hércules*; COSUS, ALONIECUS y REGO = *Mars*; ANDERO y EAECUS = *Iupiter*; DIANA = *Xana*).

En lo que se refiere al tipo de latín que hablaban los conquistadores en Hispania, hay que decir que éste se caracteriza por una serie de rasgos que condicionaron su asentamiento y desarrollo posterior y que, indudablemente, sentó las bases –además de otros aspectos– de la diferenciación lingüística que vino siglos después. Así, pues, hay que considerar los siguientes elementos en el triunfo del latín como lengua general y en su propia diferenciación hispánica:

• La *antigüedad* de la romanización (-218). Esta fecha supone que todavía dentro del propio latín aún éste no había llegado a la «época clásica». Estamos, según se considera, ante un latín «arcaico», al menos en ciertos campos léxicos y morfosintácticos. Las siguientes palabras son arcaísmos léxicos pertenecientes al latín preclásico que luego fueron sustituidas por otras formas en el resto de la Romania:

APTĀRE 'atar'	COMĔDĔRE 'comer'
AUDIRE 'oír'	CŎVA 'cueva'
CAPĬTĬA 'cabeza'	CUIUS, -A, -UM 'cuyo, -a'
CALLI 'callos'	ĔQUA 'yegua'

FABULĀRI 'hablar'
FARTUS 'harto'
LABRUM 'lebrillo'
LACERĀRE 'lacerar',
MAGIS 'más'/DEMAGIS 'demás',
MULIER 'mujer'
PERCONTĀRI 'preguntar',
PĔRNA 'pierna'
POCILUM 'pocillo',
PRAECONĀRE 'pregonar',
ROSTRUM 'rostro'
TRĪTĬCUM 'trigo'

• La *situación estratégica* de Hispania. No es casual que las provincias más extremas del Imperio como son Dacia (hoy Rumanía), Lusitania (hoy Portugal) e Hispania compartan cierto grado de conservadurismo o arcaísmo –al menos en el terreno léxico– y que muchos de esos rasgos puedan relacionarse con el Sur de Italia o con las islas de Sicilia, Cerdeña y Córcega. Numerosos estudios indican la coincidencia de fenómenos entre algunas zonas suditálicas con otras del catalán, aragonés o castellano y no con el portugués y dialectos occidentales peninsulares (Cano Aguilar, 1988: 29-30, con crítica). En el aspecto fonético y gramatical, como se sabe, el castellano se caracterizó por haber sido una lengua de una gran innovación, aunque sin llegar, por ejemplo, a la situación del francés. Ilustrativas son las coincidencias románicas que tomo de Lleal (1990: 39), en las que se comprueba cómo las lenguas nacidas en los extremos del Imperio (portugués, castellano y rumano) tienen una misma base léxica, y las del área central (catalán, francés e italiano) parten de otros étimos:

Portugués	Castellano	Catalán	Francés	Italiano	Rumano
fervere	*hervir*	*bullir*	*bouillir*	*bollire*	*a fiebre*
então	*entonces*	*llavors*	*alors*	*allora*	*atunci*
pássaro	*pájaro*	*ocell*	*oiseau*	*uccello*	*pasare*
mesa	*mesa*	*taula*	*table*	*tavola*	*măsa*

• La *mayor o menor facilidad en las comunicaciones.* Se trata de un factor que, aunque nada tiene que ver con la lengua en sí misma, sí es, por el contrario, un elemento válido para la total comprensión de la transmisión latina. En efecto, adviértase que la Baetica tenía peores comunicaciones con Roma y que, por el contrario, la Tarraconense fue una región con un gran trasiego de soldados, colonos del Sur de Italia, comerciantes y administradores. Esta zona estuvo más abierta al contacto con Roma o con la Galia (hoy Francia) gracias a que había vías que la conectaban directamente con el centro. Mucho más próxima, era lógico que recibiera cuantos giros, modismos, significados y acepciones nuevos nacieran en la capital del Imperio.

• El *carácter oficial del idioma.* Por necesidades pragmáticas había que comunicarse en la lengua de la mayoría, la lengua del poder, la lengua de la cultura, la lengua de la administración, la lengua del comercio, etc.

• El *nivel social y cultural* de los hablantes, así como su *procedencia.* Sabemos que, dentro del propio latín, éste no era hablado de la misma forma por un romano que por un habitante del sur itálico. Esto favoreció, por ejemplo, la compleja dialectalización que tiene Italia hoy en día (dialectos del norte, italiano central, dialectos del sur...).

• El *peso de la escuela.* Éste es un factor fundamental por cuanto supone el aprendizaje de un idioma extranjero y la consiguiente regularización de un modelo de lengua que se adquiere a través de la instrucción.

• La *acción militar.* Sirvió como empuje necesario para desarrollar la lengua. En la mayor parte de los casos, las poblaciones nativas tenían los primeros contactos sólo con los soldados.

II. OTROS PUEBLOS EN LA PENÍNSULA IBÉRICA

2.1. EL COMPONENTE GERMÁNICO

A partir del año 409 puede hablarse del final del mundo latino en la Península, pues en ese momento una serie de pueblos procedentes del centro de Europa se hace con el dominio de algunas provincias romanas. Entre esos pueblos germánicos los más conocidos son los *suevos*, *alanos* y *vándalos*. Su presencia supuso una nueva reorganización de la vida social, estableciendo de hecho las bases del nuevo estado feudal y nacional. A partir del año 411 llegarán los *visigodos*. Sin embargo –como coinciden en señalar todos los especialistas– la importancia de los visigodos en los romances hispánicos está limitada, casi en exclusiva, al terreno léxico. La razón estriba en que estos llegaron ya muy romanizados debido a sus contactos con los romanos. La acción del *superestrato* es relativa, ya que aparte de no imponer su lengua sobre las tierras conquistadas, los visigodos abandonaron pronto la suya (gótico o germánico). Se habla aquí también de un período de bilingüismo en mayor o menor grado entre la lengua visigoda y el protorromance o lo que quedara del latín vulgar. Después de la invasión, la consecuencia más inmediata fue la desconexión que estas invasiones supusieron para la frágil unidad del Imperio romano. Ahora se produce una grave depresión cultural y, definitivamente, se rompen las comunicaciones con el resto de las provincias del Imperio. El latín vulgar quedó –una vez más– a merced de los destinos del idioma sin conexión con otras áreas.

Lingüísticamente, ya se ha dicho que es en el terreno del léxico donde se hallan las huellas más perceptibles de la influencia germánica. Ahora bien, hay que aclarar que muchas de esas palabras ya habían sido adoptadas por el latín en épocas anteriores y que, por tanto, se trata de préstamos indirectos que pueden hallarse también en catalán, francés, provenzal o italiano. Los campos léxicos donde hay mayor presencia de germanismos tienen que ver con las actividades más cotidianas de estos pueblos: la guerra, la agricultura, nombres de animales, los vestidos, las leyes. Ejemplos (Lapesa, 1981: 112-128):

BELLUM (lat.) > werra 'guerra' > *guerra*; SAIPO (germ.) > SAPONE (lat.) > *xabón* > *jabón*; BURGS (germ.) > BURGUS (lat.) > *burgo, Burgos* 'fuerte', 'pequeña ciudad'; WARDÔN > *guardar*; RAUBÔN > *robar*; WARNJAN > *guarnir, guarnecer*; HĔLM > *yelmo*; DARD > *dardo*; *HARIBAIRGO > *albergue*; HŎSA > esp. ant. *huesa* 'bota alta'; FALDA > 'pliegue, regazo de la falda' > *falda*; COFEA > *cofia*; HARPA > *farpa* > *harpa*; BAN > *bando* 'proscripción', 'prohibición' = *bandido*; ALÔD > *alodium* > *alodio* 'bienes patrimoniales; HARIWALD > *heraldo*; ANDBAHTI 'cargo', 'servicio' > *embajada*; TRIGGWA 'alianza' > *tregua*; OREGÔLI > *orgullo*; SKERNJAN 'burlarse' > *escarnir, escarnecer*.

Es nuevamente la onomástica española la que refleja con claridad la influencia visigoda. Así de ALL 'todo'+ WARS 'prevenido' formaron *Álvaro*; sobre FRITHU 'paz'+ NANTH 'atrevido' = *Fridenandus* (Fernando); HROTHS 'fama'+ RIKS 'poderoso' = *Rodericus* (Rodrigo); HROTHS + SINTHS 'dirección' = *Rudesindus* (Rosendo), etc. En otros terrenos como la morfología se ha atribuido algún resto del germánico, tal es el caso del sufijo -ENGO, de escasa rentabilidad, apreciable en palabras como *abadengo, realengo, abolengo*, con variante en -ENCO: *mostrenco, podenco...*

La influencia visigoda tuvo más repercusiones político-sociales que lingüísticas. Como escribe Penny (1993: 13):

> Con todo, en este período se produce un hecho político que va a tener un gran significado lingüístico: el establecimiento del gobierno de Toledo. Por primera vez en la historia peninsular, la sede del poder político se sitúa en la meseta central; ello tiene tal relevancia que, después del hundimiento de la España visigoda y la conquista árabe a principios del siglo VIII, Toledo se convirtió en un símbolo para los cristianos del norte, que consideran su misión el restablecimiento de la España cristiana visigótica [...]. El hecho de que la ciudad fuese reconquistada por el reino de Castilla (en 1085), reforzó el prestigio del castellano, de forma que pudo ser un factor más en el ascenso de éste al rango de lengua nacional.

2.2. La presencia árabe (711-1492)

Después del período visigodo, la Península Ibérica será invadida a partir del año 711 por pueblos procedentes del norte de África y Arabia (árabes, sirios y bereberes), lo que constituye el hecho más destacado –por sus repercusiones político-sociales y lingüísticas– después de la romanización. En efecto, el nuevo orden que establecen los árabes supone una ruptura total con todo lo anterior, especialmente por el largo período de su asentamiento y por su intensidad. La lengua ahora impuesta es el *árabe* (en sus variadas manifestaciones escritas y orales) que se convierte en lengua oficial y de cultura en la España musulmana, provocando, una vez más, un período de bilingüismo cuyo alcance hoy en día es difícil de precisar (algunos estudiosos señalan que duró hasta el siglo XI o XII). Muestra de ello son las numerosas interferencias romances que aparecen en las estrofas árabes llamadas *muwaššaha, zéjel* y *jarcha* (Corriente, 1997). *Al-Andalus*, el nombre dado a España por los árabes, se vio inmersa en un nuevo proceso de aculturación al modo de vida del invasor. Junto con el «árabe coloquial» o escrito, la zona invadida continuaba con el romance hispano que se ha dado en llamar *mozárabe* (lengua o dialecto mozárabe). Esta modalidad no ha dejado ningún testimonio escrito, aunque se ha llegado a caracterizar gracias a las noticias que se deducen de diferentes documentos como son los (a) glosarios latino-árabes o hispano-árabes, (b) testimonios de botánicos, médicos, farmacólogos hispano-árabes y los cancioneros de la España musulmana, (c) la onomástica o (d) el latín de los mozárabes (Galmés de Fuentes, 1983: 17-25). La influencia de esta variedad es relativa en el español y llena de problemas cuando se plantea la cuestión de su transmisión. Así y todo, se reconocen como mozarabismos palabras del tipo *alcaucil, chacina, gazpacho, chícharo, guisante, habichuela, horchata, jurel, pargo, jibia, búcaro, capacho, cenacho, coracha, dornacho, hornacho, alcayata, cambija, ripio, almatriche, campiña, corcho, chiquero, marisma...* (Cano Aguilar, 1988: 51). En el siglo VIII, según Coloma Lleal (1990: 149) no sería razonable establecer todavía diferencias entre mozárabe y el *romance primitivo* o *protorromance*, toda vez que se trata de la incipiente lengua románica hablada en la mayor parte de la Península, incluso tras su reciente incorporación al mundo hispánico islámico.

La lengua árabe, por su parte, tiene una huella mucho más perceptible. A pesar de los casi ocho siglos de presencia musulmana, el árabe no llegó a desplazar al pujante romance hispánico que ya se estaba fraguando. Por eso se reconoce una situación de *superestrato* a la vez que de *adstrato*. Luego de esta convivencia, el español absorberá numerosos préstamos léxicos y calcos semánticos, sobre todo en el castellano medieval. El vocabulario árabe es, como escribe Lapesa (1981; 133), el más importante después del latino hasta llegado el siglo XVI. Prácticamente todos los órdenes de la vida dan entrada a los arabismos, como se muestra en la siguiente relación (adviértase la presencia del artículo árabe AL-):

> *aceña, acequia, adarga, aduana, ajuar, alacena, alambique, albahaca, albañil, albarán, albóndiga, albornoz, alboroto, alborozo, albricias, alcachofa, alcalde, alcoba, alcohol, alfalfa, alfarero, alfeñique, alférez, alfiler, alfombra, algarada, algarroba, álgebra, algodón, algoritmo, alguacil, alhaja, aliaga, aljibe, aljófar, almacén, almíbar, almizcle, almojarife, alquiler, alquimia, alquitrán, añil, arancel, atalaya, aulaga, azafrán, azote, azúcar, azucena, azufre, azul, baladí, baldío, barbacana, berenjena, carmesí, cenit, cifra, espinaca, faca, jarabe, laúd, mezquino, tarifa...*

Como calcos semánticos se interpretan las ampliaciones de contenido de algunas voces latinas que se vieron contagiadas por los significados árabes: *casa* sufrió la influencia del árabe *dar* 'vivienda', 'ciudad', 'habitación'; *hijo* se relacionó con el árabe *ibn* 'descendiente de primer grado', 'relacionado con', de donde procede *fidalgo/hijodaldo*; *infante* 'niño que aún no habla' interfirió con el árabe *walad* 'niño', 'hijo de reyes'. También expresiones *fraseológicas* árabes se incorporaron al romance: *Si Dios quiere, Dios mediante, Que Dios guarde, Que Dios tenga en la Gloria, Que Dios te ampare.*

En lo que se refiere al plano morfosintáctico, mucho menor es la influencia árabe. Ésta es constatable, sobre todo, en la anteposición del artículo AL- a numerosos sustantivos. La fusión de este artículo al lexema de los sustantivos no impidió, por el contrario, el uso de los otros artículos romances (*la almohada, el alhelí, el albarán...*). En la derivación el árabe actuó a través del sufijo -Í para formar gentilicios (*ceutí, marroquí, yemení, bengalí, iraní, iraquí, paquistaní*) u otros sustantivos o adjetivos como *cequí, jabalí, maravedí, muladí, baladí*, etc. [*Andalusí* es voz propuesta por M. Pidal que se refiere a lo 'perteneciente o relativo al Ándalus', diferenciándolo así de *andaluz* 'perteneciente o relativo a Andalucía'. En el siglo XIII aparece *alfonsí* 'relativo a Alfonso X', según acuñación de los sabios judíos de Toledo]. En el terreno preposicional contamos con *hasta* y las variantes *adta, ata, hata, fata, fasta* [< HATTA 'hasta']. Y en el caso de los indefinidos las voces *fulano* y *mengano* (< FULAN IBN MAN KAN), que creó derivados como *zutano, citano, sistrano, sicrano* o *perengano* (Lleal, 1990: 190-195; Lapesa, 1981: 133-155).

Con el transcurrir de los siglos y debido a la presión ejercida por los reinos peninsulares norteños –más la descomposición política del mundo árabe, dividido en pequeños sultanatos con una cada vez menor influencia– el inicio de una nueva realidad se hacía más evidente. Los diferentes intereses entre reyes, nobles y feudales hicieron causa común para expulsar del territorio peninsular los diezmados enclaves que todavía quedaban bajo el poder musulmán. Daba comienzo entonces a lo que la historia tradicional ha denominado *Reconquista,* cuya culminación tuvo lugar en el año 1492 con la entrega de las llaves de Granada a los Reyes Católicos por parte del último Rey árabe.

III. LA BASE CONSTITUTIVA DEL ESPAÑOL: EL LATÍN

3.1. LATÍN CLÁSICO Y LATÍN VULGAR

Como toda lengua viva, la latina también ofrecía variadas formas *diatópicas* (geográficas), *diastráticas* (niveles socioculturales) y *diafásicas* (registros expresivos). Tradicionalmente se ha venido distinguiendo, en este sentido –y a veces más por parte de los romanistas que de los propios latinistas–, entre *latín clásico* y *latín vulgar*. Esta concepción, sin embargo, aunque metodológicamente resulta rentable, no es aceptada por todos los críticos, pues en ella se establece una dicotomía férrea entre *dos únicas* manifestaciones del idioma, descartando, por el contrario, muchas más situaciones sociolingüísticas que, indudablemenete, debieron haberse producido a lo largo de los siglos mientras el latín fue una lengua hablada (Alvar Ezquerra, 1983). De ello resulta la oposición *latín clásico* = *lengua literaria-codificada* frente a *latín vulgar* = todo lo que no pertenece a la *lengua literaria*. Sin embargo, debe verse esta realidad como un todo heterogéneo en el que se conjugan los *períodos cronológicos* del latín (latín *arcaico* [desde los orígenes hasta finales del siglo II a. de C.], latín *preclásico* [desde finales del siglo II a la mitad del siglo I a. de C.], latín *clásico* [desde la mitad del siglo I a. de C. a la muerte de Augusto, 14 d. de C.], latín *postclásico* [desde la muerte de Augusto hasta el año 200 d. de C.], latín *tardío* o *bajo latín* [alrededor del 200 hasta el nacimiento de las lenguas románicas]) con los demás aspectos que ya he ido señalando. Los especialistas en toda esta compleja red –aun con las discrepancias existentes– han logrado establecer las coordenadas generales, no sin ciertas dificultades y discusiones, de lo que debió haber sido el latín hablado en sus múltiples y variadas facetas (*cfr.* Väänänen, 1968, como manual clásico de estos temas).

Por *latín clásico* se entiende el modelo lingüístico que sancionó la lengua literaria de los grandes escritores latinos de la época clásica (Horacio, César, Tácito, Virgilio...) y que se transmitió durante siglos –aun admitiendo variaciones que provenían de la lengua hablada– como una de las fuentes más importantes de la cultura occidental a través de la escritura, llegando hasta nuestros días.

En el caso del *latín vulgar,* se trata de la expresión oral de la lengua latina; es decir, del latín hablado en la conversación tanto por las gentes cultas como por las clases medias y populares a lo largo de su historia, aunque en los distintos períodos esta lengua hablada se iba distanciando del modelo escrito cada vez más. El llamado latín vulgar es el punto de partida de las lenguas románicas y de la manera en que se habló, de los distintos estratos que recibió, de las condiciones de desarrollo y de su aprendizaje dependerá, luego, el florecimiento de las lenguas románicas que, aunque nacidas del latín, ya no pueden ser consideradas «lengua latina» (si bien es cierto que algunos autores han empleado el término «lenguas neolatinas»). Es, por tanto, la modalidad del latín hablado (vulgar) la que interesa más a la Historia de las lenguas románicas, pues en él se constatan con mayor claridad las divergencias y las evoluciones fonéticas, gramaticales y léxicas respecto de la norma culta. Los propios escritores latinos nos han dejado comentarios de cómo se hablaba el latín. Síntoma de ello son las expresiones *vulgaris sermo, proletarius, plebeius, cotidianus* o incluso apreciaciones de tipo diatópico al hablar de un *sermo urbanus* 'habla urbana'(de mejor consideración social), frente a un *sermo rusticus* 'habla rústica' (con sentido peyorativo, quizá por la abundancia de dialectalismos).

La comparación del latín con lo que ha ocurrido con lenguas posteriores de gran extensión geográfica, como es el caso del español, sirve para ilustrar la heterogeneidad que una lengua presenta. Hablamos de un español general, pero se admite la existencia de una norma culta general (el concepto «español normativo») que convive con diferentes variedades –español norteño, español meridional-atlántico o español americano (con varias normas también)–. No es, por tanto, extraño pensar que el latín, como lengua universal que fue en su momento, también hubiera experimentado situaciones similares. Por eso en la definición del *latín vulgar* hay que tener presente varios aspectos de diferente índole (Cano Aguilar, 1988: 34-35):

- Latín vulgar diferenciado *socialmente.* Entran en consideración conceptos como los de 'vulgar', 'popular', 'familiar', 'coloquial'. Es el más enfrentado al literario.

• Latín diferenciado *geográficamente* y *dialectalmente*: variedades distintas habladas en regiones diferentes (más el efecto del sustrato) y el modelo propuesto por Roma y el hablado en las provincias.

• Latín *diacrónico*: relacionado con la propia evolución de la lengua latina. La lengua no permaneció inalterada. La lengua culta del siglo II y I a. de C. evolucionó y presentaba también sus diferencias frente a, por ejemplo, la del siglo III d. de C. De ahí que se hable de un latín *tardío*, un latín *medieval* o también *bajo latín*.

Para la explicación de la diferenciación latina en la Romania deben tenerse en cuenta, a grandes rasgos, los seis puntos siguientes:

1. La mayor o menor antigüedad de la romanización (= arcaísmos).
2. Las facilidades comunicativas con Roma (= modelo idiomático).
3. El efecto de las lenguas nativas (= sustrato).
4. La presión ejercida por otras lenguas posteriores a la romanización (= superestrato).
5. El nivel sociolingüístico de los transmisores.
6. El posterior desarrollo cultural en cada una de las zonas románicas.

3.1.1. *Fuentes para el conocimiento del latín vulgar*

Como punto de partida, hay que indicar que –por diversas circunstancias– no nos han llegado textos o fuentes en los que se verifique con claridad la modalidad llamada latín vulgar. Lo que hay son «indicios» que han podido extraerse de una variada gama documental (escrita a lo largo de los siglos) que nos dan una idea aproximada de cómo era la lengua hablada latina. Generalmente, y salvo los casos que indicaré, los escritores en su mayoría preferían la expresión culta latina por ser ésta el modelo idiomático de prestigio. Podemos decir que la base de datos principal para el conocimiento del latín vulgar está constituida por las siguientes fuentes:

• Las obras literarias de algunos autores donde hay una voluntad de reflejar el habla popular (Plauto, Terencio, Ennio, Petronio...).

- Los comentarios de algunos gramáticos latinos que censuran los usos vulgares del latín por desviarse del modelo clásico.
- Glosarios latinos. Vocabularios básicos que incluyen palabras y giros considerados como ajenos a la época o simplemente vulgares o no correctos.
- Las inscripciones: que pueden ser grabadas (textos honoríficos, dedicatorias, epitafios, actas públicas o privadas), pintadas (*grafitti*) y las hechas con punzón (*defixionum tabellae* 'conjuros').
- Textos anónimos de escritores no reconocidos por su valía literaria.
- Los papiros y cartas hallados de soldados residentes en las provincias.
- Algunos tratados técnicos escritos sin pretensiones literarias, sino la voluntad de transmitir conocimientos científicos. [*De agricultura* de Catón (s. II a. de C.); *De Architectura* de Vitrubio (s. I); *De re coquinaria* de Apicius (s. IV); *Mulomedicinae* de Chiro Centaurus (s. IV); *De medicamentis liber* de Empiricus (s. V); *De observatione ciborum* de Anthimus (s. VI)...].
- Los primeros textos de los cristianos, donde se incluyen los sermones.
- Numerosos textos jurídicos o históricos, como la *Lex Lusitana* o la *Lex Salica.*
- Testamentos, contratos, diplomas y pizarras pertenecientes a la época visigoda.

Pero de todo este conglomerado de fuentes sobresalen dos por su extraordinaria importancia: (a) la *comparación* entre las lenguas románicas (técnica empleada desde el siglo XIX para trazar los paralelismos entre las lenguas, su origen o tronco común, así como las diferencias que hay entre unas y otras. Se puede llegar así al establecimiento de un estadio anterior, muchas veces no documentado, pero sí supuesto) y (b) el texto llamado *Appendix Probi.* Se trata de un listado de palabras o giros considerados erróneos por su autor –atribuido a un gramático llamado Probus y cuya redacción se sitúa en torno al año 568 d. C.– en el que aparece la forma clásica y a continuación la expresión vulgar. Veamos algunos ejemplos (Vänäänen, 1968: 301-305):

SPECULUM non SPECLUM	AUCTOR non AUTOR
VERNACULUS non VERNACLUS	ANSER non ANSAR
COLUMNA non COLOMNA	NURUS non NURA

CALIDA non CALDA	SOCRUS non SOCRA
BRATTEA non BRATTIA	TRIBULA non TRIBLA
SOLEA non SOLIA	AURIS non ORICLA
OCULUS non OCLUS	PLASTA non BLASTA
TABULA non TABLA	SIRENA non SERENA
PUELLA non POELLA	PASSIM non PASSI
TENSA non TESA	IDEM non IDE

Los ejemplos seleccionados muestran ya algunos rasgos típicos del comportamiento del latín vulgar en algunas de las lenguas románicas: inestabilidad del vocalismo átono postónico (SPECLUM, VERNACLUS, CALDA, OCLUS, TABLA, TRIBLA), alteración del timbre vocálico (COLOMNA, POELLA, SERENA), realización «yod» del hiato /ea/ > [ja] (BRATTIA, SOLIA), monoptongación del clásico /au/ > [o] (*oricla* < AURICULA), reducciones de algunos grupos consonánticos (TESA, AUTOR), femeninos en -a (NURA, SOCRA) y pérdida de -M final (*passi*, *ide*).

3.1.2. *Principales rasgos del latín vulgar*

Para ir aproximándonos a lo que es la base del nacimiento del castellano antiguo, es necesario conocer cuáles son los rasgos más sobresalientes del latín vulgar y cómo éste se diferenció del latín clásico. Así, se pueden trazar los principales rasgos atendiendo a la siguiente caracterización (Lapesa, 1981: 70-82):

1. *Orden de palabras.* El orden de palabras se fue distanciando cada vez más del modelo clásico, en el que los elementos podían ir sintagmáticamente separados en la oración. Ahora, por el contrario, se prefiere colocar los términos modificadores y modificados juntos, por ejemplo adjetivos+sustantivos.
2. *Las declinaciones.* Ya desde el latín arcaico se constata la desestima del sistema morfemático y se advierte su reemplazamiento por preposiciones. El latín vulgar propició la pérdida de las declinaciones (cinco en el modelo clásico), cuyas funciones fueron sustituidas, generalmente, por las preposiciones.
3. *Simplificación genérica.* Con la reducción morfemática, los sustantivos que estaban repartidos entre las cinco declinaciones se adecuan ahora, en el caso español, a una doble marca genérica (masculino y femenino). Así, palabras neutras de la tercera en la-

tín (MANCĬPIUM 'mancebo', TĔMPUS 'tiempo', MARTYRIUM 'martirio') pasaron a ser masculinas; o el caso de los plurales neutros acabados en -A (FŎLĬA 'hoja', BRACCHIA 'braza', RAMA 'rama', LĬGNA 'leña') se incorporaron al grupo de palabras femeninas debido a su terminación.

4. *El esquema comparativo.* En latín clásico los comparativos en -IOR y los superlativos en -ISSĬMUS, -A, -UM (construcciones sintéticas) desaparecieron en favor de las construcciones vulgares analíticas a través de MAGIS... QUA(M): GRADIOR > *más* grande *que*; MAGIS FORMOSUS > *más hermosa.* Mucho más tarde, y por vía culta también, se reintroduce el superlativo en -ÍSIMO/-A, de tanta vitalidad en la lengua actual.

5. *La deixis.* Una consecuencia más de la simplificación del esquema desinencial fue que en el lenguaje coloquial aumentó sobremanera el elemento *deíctico* (señalador), lo cual ocasionó un auge de los *demostrativos* que –a juicio de algunos estudiosos– fue el germen del nacimiento de una categoría gramatical (para unos) o morfema (para otros) inexistente en latín: el *artículo.*

6. *La conjugación.* La misma sufre una reducción a tres conjugaciones en español: -AR, -ER, -IR, frente a las cuatro que tenía el latín clásico. Además, muchas desinencias verbales fueron reemplazadas por «perífrasis verbales», así como nuevos tiempos inexistentes en latín los encontramos ahora en las nuevas lenguas. También la voz pasiva sufrió grandes cambios, pues la forma sintética simple desapareció (AMABĀTUR, APERIUNTUR...) y empezó a ser construida con *ser + participio.*

7. *Las preposiciones.* Debido al aumento de las mismas, fue necesario crear nuevas partículas: *de+trans* > detrás, *de+intro* > dentro...

8. *Desarrollo de la sintaxis.* En el lenguaje popular triunfó primeramente el uso popular de la *coordinación* y la *yuxtaposición.* Más tarde –y a medida que la lengua literaria se iba conformando en las distintas lenguas– se fue enriqueciendo también la *subordinación.*

9. *La evolución vocálica y consonántica.* Muchos de los rasgos enumerados anteriormente tienen su auténtica comprensión si se analiza la revolución fonética y consonántica acontecida a lo largo de los siglos y que dio como consecuencia el nacimiento de las lenguas románicas (*cfr.* 4.2).

IV. EL ESPAÑOL MEDIEVAL

Para la caracterización lingüística de la historia del español se ha seguido, fundamentalmente, un criterio cronológico que va unido a los principales acontecimientos histórico-culturales. Aunque desde el punto de vista lingüístico esta división puede resultar problemática en más de una ocasión, lo cierto es que se han hecho habituales entre los estudiosos las denominaciones «época de orígenes», «español antiguo», «romance primitivo», «español medieval», «español de los siglos de oro», «español áurico», «español clásico», «español del siglo XVIII», «español moderno», «época contemporánea», etc. Este tipo de clasificaciones resulta pedagógicamente muy rentable, a pesar de que se corra el riesgo de concebir la evolución lingüística unida a factores que –en más de una ocasión– poco o nada tienen que ver con ella. Y esto es así cuando se comprueba la no correspondencia del desarrollo lingüístico unido a los límites temporales (la división por siglos o etapas históricas, por ejemplo), máxime cuando un determinado fenómeno atribuido a una etapa sigue constatándose repetidamente en otra. [Un excelente trabajo que replantea todas estas cuestiones es el de Eberenz (1991)].

Se entiende por español medieval todo el período de formación de la lengua española que va desde las primeras manifestaciones escritas en romance (así, por ejemplo, las *glosas*) hasta los albores de lo que en Historia se denomina Renacimiento (s. XVI). En medio de todo este tiempo se distingue también la denominada *época de orígenes.* Hay que decir que ésta no parte únicamente de los testimonios *exclusivos* de los que existe constatación documental, sino que, por el contrario, la reconstrucción llevada a cabo, principalmente, por Menéndez Pidal (1950b) sobre la situación lingüística de la Península Ibérica en torno al siglo XI, presupone un sinfín de estadios no documentados, pero sí supuestos. Junto a esto, contamos con la información entresacada de cartularios, fueros, documentos notariales y jurídicos de toda índole en los que se traslucen los primeros rasgos de la lengua castellana.

4.1. La conformación del castellano: Época de orígenes

Los siglos transcurridos desde la desmembración del Imperio romano hasta la total expulsión musulmana de España es un largo período de tiempo en el que –junto a los hechos sociopolíticos– se forjarán los principales rasgos del romance castellano medieval. Es el momento que se conoce como *época de orígenes.* A Menéndez Pidal (1ª ed. 1926; 2ª ed. 1929 y 3ª ed. 1950, por donde cito) se le debe la primera obra de trascendencia dedicada a esta etapa, aunque la misma está centrada en lo que él denomina «orígenes tardíos del idioma (no los orígenes más remotos)» [Menéndez Pidal, 1950: IX], aportación que sigue siendo imprescindible para la historia del español.

Las cordilleras cantabro-pirenaicas sirvieron de refugio para las poblaciones que huían de la dominación árabe o que habían quedado relegadas de las zonas de influencia del resto de la Península. Por otro lado, la importancia del norte iba en aumento no sólo por la constitución de diferentes reinos, sino también por el «descubrimiento» en el año 813 de la tumba del Apóstol Santiago, dando comienzo así al llamado «Camino de Santiago», o también «camino francés». En esta zona occidental se fraguaron los rasgos del gallego-portugués.

A continuación ofrezco una sinopsis de los principales hechos históricos:

El reino de Asturias fue fundado por Pelayo y ampliado por Alfonso I (739-757). Luego, en el siglo IX, Alfonso II logró crear una conciencia de reino y continuidad entre el mundo hispanogodo y el reino astur. Con Alfonso III (866-910) el primitivo reino alcanza una extensión notable –hasta el río Duero– y convirtió el reino asturiano en el Reino de León. A partir del siglo IX aumenta considerablemente la población cristiana unida a la masiva llegada de mozárabes que huían de la persecución árabe. El destino principal eran las poblaciones de León, Burgos, Zamora, Toro... El mundo administrativo de estas poblaciones estuvo regido por unos códigos de leyes llamados «fueros». El siglo X supone un estancamiento para los reconquistadores debido al auge del Califato de Córdoba y a las luchas entre los mismos cristianos, hecho que provocó que Castilla, que estaba unida a través de condados al Reino de León, se separase bajo los auspicios del Conde Fernán González, quien se convierte en el primer conde independiente de Castilla (961). En el siglo XI –con la decadencia del Califato cordobés– los reinos cristianos se fortalecieron y ampliaron su poder. Así, por ejemplo, el Rey Sancho el Mayor de Navarra desempeñó un papel primordial en la reorganización política, incluyendo a Castilla bajo sus dominios. A su muerte (1035) su hijo Fernando I convirtió a Castilla en reino. Éste ensanchó sus dominios y anexionó León, y su segundo hijo, Alfonso VI (1072-1109), rey de Castilla y León, se apoderó de Toledo (1085). Ahora llegaba la frontera cristiana hasta las orillas del río Tajo. Después de varios acontecimientos bélicos durante el reinado de Alfonso VII (1127-1157), uno de los enfrentamientos más importantes de la reconquista fue el que libró Alfonso VIII de Castilla contra los almohades en la batalla de las Navas de Tolosa (1212). Esta victoria significó la entrada de los cristianos en Andalucía y la supremacía definitiva de los mismos frente al mundo árabe. Fernando III consigue la unión definitiva de Castilla y León en el año 1230. Bajo su reinado conquistó las ciudades de Córdoba (1236), Sevilla (1248), incorporó el reino de Murcia y firmó la paz con Jaime I de Aragón en el Tratado de Almizra. Su hijo, el Rey Alfonso X, continuó con la labor emprendida por su padre, aunque los éxitos militares fueron más bien escasos. El período que se abre ahora será de una gran inestabilidad durante los siglos XIV y XV: guerra civil que destronó a Pedro I el Cruel (asesinado por Enrique de Trastámara) y llevó al trono a Enrique II –de la dinastía bastarda de los Trastámara (1369)–; comienzo de la conquista de las Islas Canarias (1402) con Enrique III; la rebeldía de la nobleza que rechazaba al favorito de Juan II, don Álvaro de Luna, y la guerra civil durante el reinado de Enrique IV (1454-1474).

Todo este período se cierra con los enlaces matrimoniales que llevaron a cabo los príncipes de Castilla-León y Aragón. En 1469 es el casamiento de Isabel y Fernando, reconocidos en la historia como los Reyes Católicos. Su matrimonio supondrá la unificación de la mayor parte del país, creándose, como consecuencia, una fuerte conciencia de estado (semifeudal) y de monarquía autoritaria. El siglo XV concluye con algunos hechos decisivos para la historia posterior de España: en 1480 se funda la Inquisición; en 1492 se conquista Granada; se promulga el primer edicto de expulsión de los judíos; se produce el descubrimiento de América y Nebrija publica la primera gramática (*castellana*) de una lengua romance. En 1496 concluye la conquista de Canarias; en 1497 se conquista Melilla, y en 1499 aparece *La Celestina* de F. de Rojas. Isabel la Católica fallece en 1504 y en 1516 Fernando el Católico. Entramos ya, por tanto, en el siglo XVI.

La situación lingüística en toda esta época es compleja. Destacan las áreas *gallego-portuguesa* (desde el Norte gallego hasta las tierras del Algarve portugués), la de influencia *leonesa* (desde Asturias hasta el norte de Extremadura), el área *vasca* (País Vasco, Navarra y enclaves franceses) y el área *catalana* (Cataluña, Valencia y Baleares). La de mayor extensión –desde el norte cántabro hasta el sur reconquistado– era la región que fue territorio del origen del castellano. *Castilla* (< lat. CASTĔLLU(M) 'castillo') fue el nombre dado a una zona situada al sur de la cordillera cántabra que se caracterizó por su número de fortalezas o castillos que servían como defensa de las constantes luchas en la reconquista (Lloyd, 1993: 287). El castellano desde sus orígenes convivía con otras variedades que representaban distintos grados de desarrollo lingüístico y que tenían también –en función de la importancia y poder de sus hablantes– una distinta consideración social. Una de las que destaca por su importancia es el *vasco*, tal y como lo testimonian los primeros documentos del siglo X y XI (las *glosas*). La cercanía geográfica por un lado y la presencia de vascófonos en la reconquista por otro (ambas eran lenguas usadas para la conversación) favorecieron un período más o menos amplio de bilingüismo, al margen de las interferencias sustratísticas a las que ya se ha hecho mención. A la hegemonía política y social de Castilla hay que añadir ahora la importancia que adquiría su lengua. Si durante la Baja Edad Media la cultura estuvo amparada por el latín, ahora las modificaciones territoriales, sociales, así como la interrelación cultural que se venía dando ya en los últimos siglos del medievo (junto con el cambio de mentalidad que experimenta el hombre medieval) hacen que el romance castellano comience a manifestar una riqueza expresiva –dentro aún de una lengua que no está del todo fijada– que tiene su manifestación más evidente en la rica literatura medieval: la épica, la influencia portuguesa, francesa y provenzal, la poesía satírica y amorosa, la lírica cortesana, la religiosa y filosófica... El castellano se constituye, en palabras de García de Diego (1950), en un complejo dialectal pues aglutina numerosos rasgos de sus dialectos o lenguas vecinos (gallego-portugués, leonés, navarro-aragonés, vasco, catalán...). En el siglo XIII el castellano es declarado lengua oficial de la Corte de Fernando III, y con Alfonso X los documentos públicos ya se redactan en esta lengua.

El castellano de la época de orígenes –el romance primitivo– nos ha llegado muy fragmentado y se conoce gracias a los documentos notariales que, aunque escritos básicamente en latín, intercalan formas y voces propias del castellano antiguo (Menéndez Pidal, 1919). La característica general de este romance es que no tiene fijeza, lo cual quiere decir que el castellano está todavía en un estado de evolución, tal y como se comprueba en la alternancia de grafías que apuntan hacia una vacilación en el plano del habla: *oteiro, autero, outero, semitarium, semidariu, semedario, semedeiro, cómite, cómide, pobolato, populato, honore, salbatore, límide, limde, limbde, puorta, puerta, puarta, siella, sialla*... Lapesa (1981: 164 y ss.) informa también del estado de algunos procesos fonéticos de interés para el castellano antiguo: la vocalización de /-l+cons.-/: SALTU > *sauto, souto, soto*; ALTARIU > *autairo, outero, otero*; TALPA > *taupa, taupín*; ALTU > *auto* y *oto*, así como de la realización dental /ŝ/, /ẑ/ que tomaron los fonemas /ĉ/ y /ǧ/ procedentes de K+^{e,i}, a juzgar por los testimonios de palabras como *dezimus, conzedo, zereum, ziuaria, sizera*. También en estos tiempos se constatan las realizaciones palatales de las consonantes geminadas latinas /ll/ > [l̬] y /nn/ > [n̬]: CABALLU [kabal.lu] > *caballo*; ANNU > *año*. Es indudable que en muchos de estos ejemplos puede verse una doble tendencia: por un lado el reflejo de los fenómenos del habla vulgar y por otro el apego a la tradición latina. Es decir, la tendencia culta y la presión popular se resolverán con la fijación de la norma lingüística con el transcurrir del tiempo. Según Menéndez Pidal (1950: 485-502) los rasgos que definen el estado dialectal del castellano de la España primitiva son los siguientes:

1. Constatación de la pérdida de F- > *h*.
2. Expansión de ž (luego *j*) en vez de *ll* e *y*.
3. Distintos estados de palatalización de G^{E,I} y de /ĉ/ < CT, ŬLT.
4. Realización dentoalveolar del grupo /-SKJ-/ > [ts] > θ.
5. Temprana monoptongación de ǫ> ue. A partir del siglo X.
6. No diptongación en contextos con *yod* de ę/ǫ, frente a otros dialectos románicos.
7. Reducción del grupo -MB- > -m-.
8. Antigüedad en la monoptongación de AI > *ei* > *e* y de AU > *ou* > *o*.
9. Temprana palatalización de KL-, PL-, FL- > /λ/.

También Menéndez Pidal adopta para estos primeros tiempos un criterio cronológico basado en acontecimientos históricos. De esa forma distingue cuatro grandes períodos:

1. *Época visigótica*, desde el año 414 hasta el 711: el romance primitivo era empleado como lengua común, aunque sin los caracteres propios que luego se fijarán. Mantenimiento de *ll*, diptongación ante yod (*uello/ojo*), F-, IT, G- (inicial), conservación de -MB-, conservación de los diptongos latino-vulgares AI y AU.
2. *Época asturiano-mozárabe*, desde el 711 al 920: los arabismos aparecen ya en los glosarios antiguos: *acitara, alcor, alfoz, almafalla, almexía, cármez, metcale, xafarice...*
3. *Hegemonía leonesa*, desde el 920 hasta el 1067: algunos diptongos como -AIRO, -AIRA y -EIRO, -EIRA empiezan a sentirse como anticuados. Tendencia a la monoptongación, también en AU > *o*. Siguen entrando arabismos: *aldea, almude, harroba, azémila...*
4. *Lucha por la hegemonía castellana*, desde el 1067 al 1140: entrada de galicismos como se ve en el Cid: *mensaje, omenaje, usaje, vergel...* Inestabilidad vocálica y de algunos grupos consonánticos.

El comienzo de la producción literaria se sitúa entre los siglos XII y XIII. Las primeras manifestaciones del romance español las encontramos en unas cancioncillas líricas de procedencia arábiga llamadas *muwaššahas* en las que se añadían algunas palabras o versos en romance. Así mismo, mucho debe el español medieval a la aportación que los poetas y narradores hicieron a través de los primeros textos literarios. La tradición literaria hispánica habla de dos «escuelas» medievales; dos maneras de hacer literatura, con unos fines y públicos diferentes. Por un lado están los escritores enmarcados dentro del «Mester de Juglaría», obras muchas de ellas anónimas que contaban las hazañas de los héroes medievales (por ejemplo, *El Cantar de Mio Cid*) y, por otra, el «Mester de Clerecía», la «primera escuela de escritores sabios» (Lapesa, 1981: 227) [Berceo, Alfonso X, D. Juan Manuel, Juan Ruiz «Arcipreste de Hita», Don Sem Tob, Canciller Pedro López de Ayala, Marqués de Santillana, Juan de Mena, Marqués de Villena, Arcipreste de Talavera, Jorge Manrique...]. La mayoría de estos escritores (Berceo; el autor del *Libro de Apolonio*, el del *Poema de Alexandre* o el del *Poema de Fernán González*), aunque escribía en romance, sin embargo conocía el latín –de donde a veces tomaban sus temas de inspiración para traspasarlos o adaptarlos al español– y aportó un buen número de cultismos [*cfr.* 4.4.1.] a la lengua de la época (*dulcíssimo, convivio, exaudido, exilio, flumen, condiçion, lapidar, malicia, ídolo, vicario, prólogo, tributario, licencia, versificar, qualidad, femenino*...).

La prosa castellana también cubre una importante faceta en este período. Los primeros textos son *fueros* y *documentos notariales* en los que no hay una voluntad literaria, aunque sí un apego a la tradición latina que, sin embargo, irá desapareciendo poco a poco con la aparición de obras históricas (*Cronicón Villarense, Liber Regum, Anales Toledanos Primeros*) o religiosas (*Los diez Mandamientos*), traducciones como el *Calila e Dimna* (1251), el *Libro de la nobleza o lealtad, Poridat de las poridades, El Bonium o Bocados de Oro*... Al primer tercio del siglo XIII se data una importante obra medieval: *La Fazienda de Ultramar* de Almerich.

Mención especial en el español medieval es la época de Alfonso X. La etapa que inaugura su reinado (1252-1284) es de una extraordinaria importancia para la historia de la lengua y la cultura españolas. En efecto, en la segunda mitad del siglo XIII se desarrollará un grado de actividad científica y literaria como hasta ese momento no se tenían noticias en la España medieval. La Corte de Toledo albergará a hombres de ciencia –cristianos, judíos y árabes mayormente– que tienen como objetivo común la traducción de textos latinos, árabes, hebreos, de lenguas orientales... Gracias a esta labor hoy nos son conocidos numerosos ejemplos que sólo han perdurado a través de la traducción al romance de aquel momento. Pero la labor de Alfonso X no sólo radica en la traducción, sino que, como consecuencia de ella, es el primero en darle forma a la «prosa castellana», haciéndola rica y sentando las bases del modelo lingüístico medieval, referente posterior en no pocas situaciones. Así, por ejemplo, junto con los aragonesismos, occitanismos y arcaísmos apreciables en algunas de sus obras, también se advierte que la nómina de elementos de relación de la frase se amplía enormemente con la adopción de conjunciones subordiantes (*como quier, aun que*...). Por su parte, el léxico se ensancha y adquiere nuevos matices provocados por el efecto de la traducción (a veces no existían correspondencias romances de los términos traducidos, lo que también ocasionó la creación de neologismos, entrada de cultismos, tecnicismos, préstamos, etc.). La obra alfonsí es muy extensa y variada: libros religiosos (*Cantigas*, escritas en gallego-portugués), jurídicos (*Siete Partidas*), historias nacionales (*Primera Crónica General*) y universales (*General Estoria*), astronómicos (*Saber de astronomía*), mineralógicos (*Lapidario*), astrológicos (*Libro de las Cruzes*) o lúdicos (*Libro de ajedrez*).

Alfonso X pronto mostró un gran celo por establecer un modelo idiomático común (se habla de su preocupación por la «corrección» constante de sus escritos) y para ello acuñó el concepto de «castellano drecho» 'castellano derecho', 'correcto'. Este modelo idiomático convertía a Toledo en centro cultural y lingüístico de la España medieval, de tal manera que era la referencia para el uso del «buen hablar». Surge desde el siglo XIII el primer concepto de «norma lingüística» amparada por una ciudad/región, una literatura que empezaba a alcanzar cotas importantes, así como por una clase social que se sentía heredera y modelo de la tradición hispánica. La preeminencia del habla toledana «parece» que estuvo avalada por una disposición legal que el Rey pudo haber dado a la ciudad de Toledo en las Cortes que celebró en 1254, aunque de este particular no nos haya llegado ninguna constatación por escrito (*cfr.* González Ollé, 1987, 1988a y 1988b).

La normalización lingüística emprendida por Alfonso X trajo como consecuencia también el primer intento de regularización ortográfica, de tal manera que la ortografía fijada por la corte alfonsí se convertirá en el modelo para los escritos durante mucho tiempo (se habla aquí del «sistema alfonsí»).

4.2. Fonética y fonología medievales

Para la explicación del comportamiento fonético-fonológico del español medieval hay que tener presente los principales rasgos de la lengua latina clásica y su posterior evolución hacia el período analizado. Comenzaremos, en primer lugar, por la descripción del acento latino y su transformación en español, tan determinante, como se verá, en la historia de nuestra lengua.

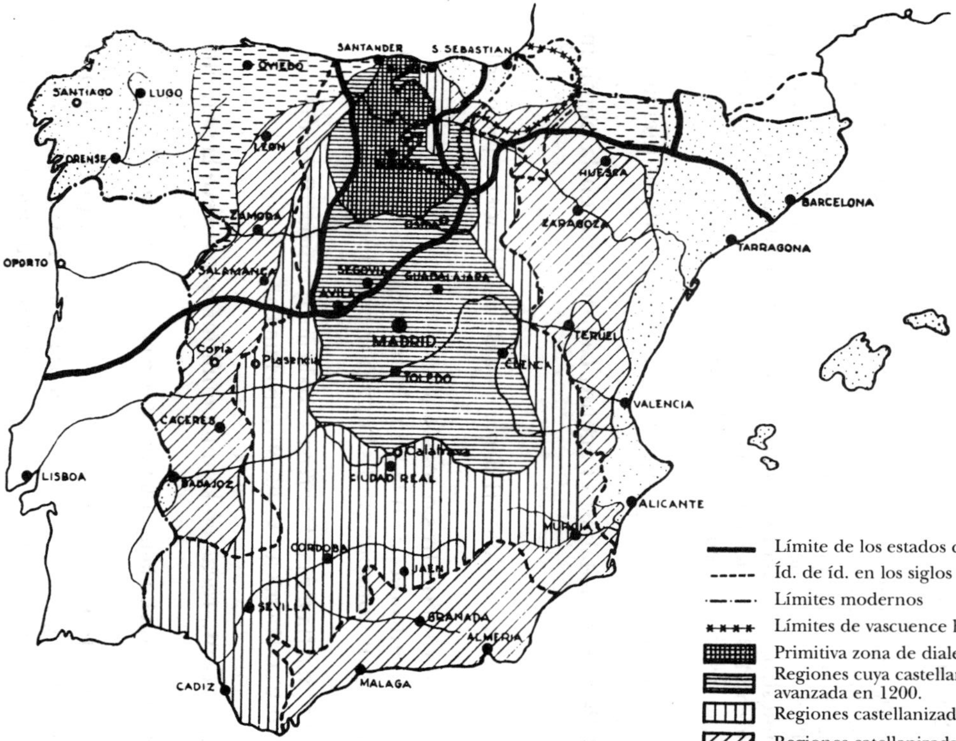

Límite de los estados cristianos hacia 950.
Íd. de íd. en los siglos XIII y XIV.
Límites modernos
Límites de vascuence hacia 950.
Primitiva zona de dialecto castellano.
Regiones cuya castellanización se hallaba iniciada o avanzada en 1200.
Regiones castellanizadas en el siglo XIII.
Regiones catellanizadas desde el siglo XIV en adelante.
Áreas actuales del leonés y aragonés.
Regiones bilingües.

La expansión castellana.
Lapesa (1981)

4.2.1. *Acento y cantidad en latín y su evolución en el romance hispánico*

Conocer la acentuación latina es fundamental para la historia de las lenguas románicas, pues del lugar que ocupaba aquel dependerá mucho la posterior evolución de una palabra. Esto es especialmente importante en la resolución de las vocales, ya que las *tónicas* tendrán un comportamiento distinto de las *átonas*, tanto las iniciales, finales como intertónicas (protónicas 'antes del acento'y postónicas 'después del acento'). Escribía Menéndez Pidal (1980: 36) que

> Cada vocal tiene una historia bastante diferente, según que está acentuada o no, y según el puesto que ocupa respecto al acento dentro de la palabra [...]. El acento se mantiene inalterable desde el tiempo de Plauto, de Horacio, de Prudencio, hasta el de Cervantes y hasta el nuestro, informando como un alma a la palabra, y asegurando la identidad sustancial de ésta, a pesar de los cambios más profundos que sus demás elementos puedan sufrir [...]

La acentuación clásica se regía por el siguiente esquema:

[a] Palabras bisílabas: el acento cae siempre en la penúltima sílaba:

ALTUS [ál-tus], CLAMOR [klá-mor], VADIS [bá-dis], BŎNUM [bó-num]

[b] Palabras con tres o más sílabas:
b.1. el acento recae en la penúltima si ésta es larga o si era breve seguida por consonante (= larga por posición):

FATIGĀRE [fa-ti-gá-re], COLŌNUS [ko-ló-nus], *FIDĀRE [fi-dá-re]
CĂBĂLLU [ka-bál.lu] >, PĂLŬMBA [pa-lúm-ba]

b.2. el acento recae en la antepenúltima si es breve la penúltima:

FABŬLAM [fá-bu-lam], TREMŬLUM [tré-mu-lum], BIFĬDUS [bí-fi-dus]

Conviene tener en cuenta que el acento latino clásico no era fonológico, es decir, no tenía capacidad distintiva, pues estaba supeditado –como se ve– a la cantidad silábica que sí era, por el contrario, un rasgo pertinente. En su paso al español, por tanto, el acento se *fonologizó* (*canto/ cantó*; *continuo/ continúo/ continuó*) y la cantidad silábica dejó de ser relevante. El español creará, en este sentido, un *acento de intensidad.* Las sílabas tónicas se reforzarán enormemente, mientras que las sílabas átonas experimentarán grandes cambios (confusiones y pérdidas) en la historia de las lenguas románicas (Penny, 1993: 35-38; y sobre aspectos particulares de la acentuación *cfr.* Ariza, 1994: 9-22).

En el latín vulgar estas reglas acentuales sufrieron algunas modificaciones:

a) los grupos formados por *consonante* + *R* no hacían posición, es decir, pertenecían a la sílaba siguiente, con lo cual el acento recaía en la sílaba antepenúltima por ser breve la penúltima. Hubo, por tanto, un desplazamiento acentual:

INTĔGRU(M) [ín-teg-ru] > [inté-grum] > *entero* (pop.)/*íntegro* (culto)
TENĔBRA(M) [té-neb-ra] > [te-né-bra] > *tiniebla*

b) el latín clásico tendía a formar diptongos con los grupos de vocales en hiato. El clásico acentuaba la vocal más cerrada /i, u/, mientras que el vulgar la más abierta /e, o/ o la segunda vocal (si éstas eran del mismo grado) y formar así el diptongo:

FILIŎLU [fi-lí-o-lu] > [fi-lió-lu] > *hijuelo* [ixuélo]
MŬLĬERE [mu-lí-e-re] > [mu-lié-re] > *mujer* [muxér]
PUTEŎLUS [pu-té-o-lus] > [pu-teó-lu] > *pozuelo* [poθuélo]

c) en las palabras compuestas por un prefijo el acento clásico recaía en la antepenúltima. En el vulgar, por contra, el prefijo *no* fue considerado y el acento cayó sobre la sílaba siguiente, es decir se desechó el prefijo (*cfr.* 4.4.3.):

RENĔGO [ré-ne-go] > [re-né-go] > *reniego* [renjégo]
RENŎVO [ré-no-bo] > [re-nó-bo] > *renuevo* [renuébo]

d) también hubo desplazamiento acentual en algunos adverbios como ILLĀC [íl.lak] e ILLĪC [íl.lik], pero por analogía con HĀC e HIC el vulgar los acentuó [ilák] > *allá,* [ilík] > *allí.*

Llegados a este punto, conviene trazar sucintamente la situación del sistema vocálico latino clásico pues, como se advierte, la acentuación vocálica es uno de los pilares en los que descansa la diferenciación románica posterior.

4.2.2. *El vocalismo medieval*

El vocalismo clásico distinguía cinco vocales largas y cinco vocales breves:

ī ĭ ē ĕ ā ă ŏ ō ŭ ū

Estas cinco vocales se redujeron en español –después de complejos factores fonéticos de variada índole y explicación– a cinco en **posición tónica** (*cfr.*, entre otros, Menéndez Pidal, 1980: 31-85; Cano Aguilar, 1988: 67-88; Ariza, 1990: 29-68; Penny, 1993: 39-57; Fradejas Rueda, 1997: 41-86). Las largas se realizaban como cerradas [.] y las breves como abiertas [˛]. Junto a estas vocales había tres diptongos con cantidad larga:AE, OE, AU que, en su paso al español, monoptongaron: AE > ę (abierta), OE > ẹ(cerrada), AU > o.

Para llegar al actual sistema del español, el latín vulgar siguió los siguientes pasos:

1. Pérdida de la cantidad vocálica, que se desfonologizó.
2. Al quedar indiferenciadas por la cantidad, actuó como elemento distintivo el timbre (abiertas/cerradas).
3. Una vez que el timbre también provocó confusiones, entonces comenzó a funcionar el *acento de intensidad* que adquirió valor fonológico.

Realmente no puede asegurarse cuándo un sistema fue sustituido por el otro (aunque es cierto que ya desde el siglo I d. C. encontramos ejemplos), máxime si se considera la lentitud de los cambios fonéticos y su constatación ortográfica, el hecho de que se trata de un fenómeno del habla –empiezan por ser realizaciones individuales– que llegó a generalizarse, además de los factores sociales (Ariza, 1990: 15). Tres son las principales teorías propuestas para explicar el comportamiento vocálico: las basadas en hechos de orden estructural; las que se sustentan en una influencia sustratística y, por último, aquella que correlaciona la cantidad y el timbre, es decir, una teoría puramente fonética (Fradejas Rueda, 1997: 44-47).

Gráficamente podríamos representar la evolución total en el siguiente cuadro:

Evolución de las vocales en posición tónica

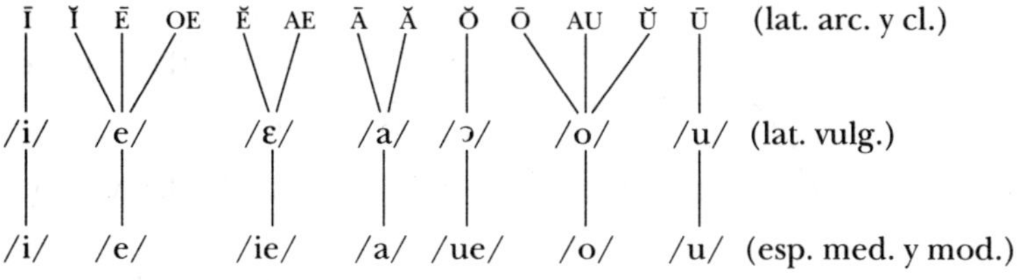

El sistema así representado propició frecuentes confusiones de timbre (por ejemplo, las dos /a/ se confundieron pronto en una), la į abierta y la e cerrada se aproximaron a /e/, y la u abierta y o cerrada produjeron /o/. Las breves ę y ǫ diptongaron, además de las confluencias de los antiguos diptongos (Alarcos, 1971: 218-226). Ejemplos:

BĔNE > *bien*	BŎNU(M) > *bueno*
PĔLLE(M) > *piel*	CAELUM > *celum* > *cielo*
PAUCU > *poco*	TAURU(M) > *toro*
DIĀBOLU > *diablo*	AMPŬLLA > *ampolla*
CAPĬSTRU(M) > *cabestro*	CANĬCULA > *canija*

El sistema latino vulgar tenía dos /e/ y dos /o/ diferenciadas por su grado de abertura (abiertas y cerradas). Lo cierto es que para evitar confusiones que parecen haberse dado en la lengua oral a lo largo de mucho tiempo, los hablantes hispanos tendían a una bimatización en las realizaciones abiertas, lo que al cabo del tiempo ocasionó la diptongación de la /ę/ > [ie] y de la /ǫ/ > [ue], tanto en *sílaba libre* (la acabada en vocal), como en *sílaba trabada* (la terminada en consonante). Ejemplos.:

PĔTRA > *piedra*	LŎCU > *luego*
ĔQUA > *yegua*	SŎRTE > *suerte*
HĔRBA > *yerba* > *hierba*	FŎRTE > *fuerte*

En lo que se refiere a las vocales en **posición átona** (la vocal que no lleva acento), la reducción es mucho más simple y ha ocasionado también un menor número de interpretaciones teóricas acerca de su evolución. Aquí hay que tener presente la posición que ocupa la vocal átona respecto de la sílaba tónica. En este sentido, cabe hablar de tres posiciones:

Evolución de las vocales átonas en posición inicial

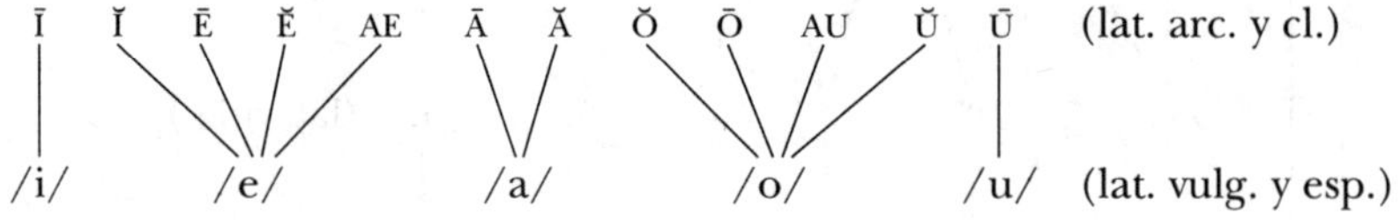

Estas vocales, no obstante, tienen más fuerza que las otras átonas. Su evolución se atestigua desde el siglo III d. C. En la suerte que corrieron estas vocales muchos ejemplos pueden explicarse, por ejemplo, debido a la confusión de prefijos, por asimilación/disimilación a la vocal tónica, por la acción de una consonante vibrante o por fonética sintáctica. La yod puede alterar su resultado, especialmente sobre la /e/ > /i/ y /o/ > /u/. Ejemplos:

CABALLU > *caballo* FILĀR(E) > *hilar*
CORTĬCEA > *corteza* NUB(I)LĀR(E) > *nublar*

Por efecto de yod:

RENIŌNE > *riñón* COGNĀTU > *cuñado*
CŌGĬTĀRE > *cuidar* GENĔSTA > *hiniesta*

Evolución de las vocales átonas en posición final

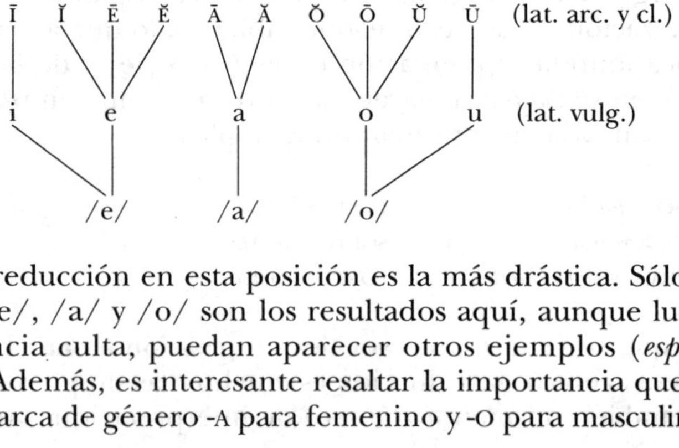

La reducción en esta posición es la más drástica. Sólo tres vocales /e/, /a/ y /o/ son los resultados aquí, aunque luego, por influencia culta, puedan aparecer otros ejemplos (*espíritu, tribu*...). Además, es interesante resaltar la importancia que adquiere la marca de género -A para femenino y -O para masculino como final de palabra, hecho que sin duda simplificó aún más el sistema clásico. Ejemplos:

ANIMA > *alma/anima*	SCŌPA > *amo*
PATRE > *padre*	VINU > *vino*

Por su parte, las **vocales intertónicas** (interiores) fueron las más sometidas a la acción del acento y las que mayor inestabilidad provocaron en el latín vulgar (excepto la /a/, que era la más perceptible). Los casos más sobresalientes ya vienen censurados en el *Appendix Probi* (VETULUS non VETLUS, VITULUS non VITLUS, IUGULUS non IUGLUS, MASCULUS non MASCEL, CALIDA non CALDA, SPECULUM non SPECLUM...). El destino de estas vocales está condicionado por la estructura fonológica a la que pertenecen, por los hechos analógicos o también por el carácter más o menos culto. De igual forma, parece que la pérdida de estas vocales es posterior al fenómeno de la sonorización de las consonantes oclusivas sordas /-p-, -t-, -k-/, pues para que se dé la sonorización es necesario el contexto intervocálico, tal y como se ve en los siguientes ejemplos: COMITATU > *com(i)dado* > *condado*; HEREDITATE(M) > *hered(i)dad(e)* > *heredad*; GALLICU > *gall(i)go* > *galgo*; VICINITATE(M) > *vecin(i)dad(e)* > *vecindad*; POPULARE > *pob(u)lar(e)* > *poblar*, RECUPERARE > *recub(e)rar*(e) > *recobrar*.

Otro factor clave en la evolución del sistema vocálico en posición tónica es el influjo ejercido por un sonido cerrado que puede ser de carácter semivocálico [i] o semiconsonántico [j] y que obligaba –según los casos y la antigüedad del mismo– a cerrar un grado la vocal precedente que estuviera en contacto (todas excepto /i/-/u/, puesto que eran ya las más cerradas). Es lo que se conoce como *metafonía* debida a la actuación de la «yod» (es decir, la /i/ en diptongo). El efecto de la yod va más allá de la inflexión vocálica, pues en realidad jugó un papel decisivo en la creación del orden palatal. Es la causante, por ejemplo, de los nuevos fonemas españoles /n̮/, /λ/,/y/, /x/ o /ĉ/. Menéndez Pidal (1980: 49) trazó una cronología de la yod e indicó las vocales que se veían más inflexionadas. Aunque estudios posteriores han enmendado algunas de las ideas del maestro, el esquema de Menéndez Pidal sigue siendo hoy en día válido en su conjunto. Así, en el siguiente cuadro se ve cómo las líneas negras verticales indican que la flexión es constante, mientras que las punteadas señalan una inflexión vacilante. La yod más antigua es la primera, que no afectó al vocalismo, mientras que a partir de la segunda las vocales abiertas /ǫ/ y /ę/ ya se ven alteradas (se ha impedido su diptongación, normal en otro contexto fónico). La yod cuarta es la más moderna e inflexionó todas las vocales (*cfr.* también Ariza, 1990: 30-34; Penny, 1993: 42-46; Lloyd, 1993: 218-229; Fradejas Rueda, 1997: 59-70). Las clases de yod, los grupos que la forman y la inflexión vocálica son los siguientes:

	Clases de yod	ǫ	ę	o	e	a
1.ª	TY, CY ç, z	fŏrtia fuerza	pĕttia pieza	lŭtea loza	malĭtia maleza	minacia amenaza
2.ª	LY, C'L ll > j	fŏlia hoja	rĕg(u)la reja	cŭscŭliu coscojo	cĭlia ceja	palea paja
	NY, GN N̬	sŏmniu sueño	ingĕniu engeño	cŭnea cuña	lĭgna leña	aranea araña
3.ª	GY, DY y	pŏdiu poyo	pŭlĕgiu poleo	fŭgio huyo	fastĭdiu hastío	exagiu ensayo
	BY, MY y, bi, mi	fŏvea hoya	nĕrviu nervio	rŭbeu ruyo royo	vindĕmia vendimia	labiu labio
4.ª	CT, > ch x > j	nŏcte noche	lĕctu lecho	trŭcta trucha	strĭctu estrecho	factu hecho
	RY, SY, PY ir, is, ip	cŏriu cuero	matĕria madera	augŭriu aguero	cĕreu cirio	riparia ribera
	sincopas varias	collí(g)o cojo	grĕ(g)e grey	co(g)ĭtat cuida	tepi(d)u tibio	proba(v)i probé

Menéndez Pidal (1980: 49)

Conviene destacar que como consecuencia de las metátesis producidas por la yod cuarta, el romance español favoreció una evolución mucho más intensa, de tal manera que nace un nuevo diptongo que monoptongará con el transcurrir del tiempo (no así en el portugués, que se quedará en un estadio intermedio): [ai] > [ei] > [e]. Ejemplos:

RIPARIA > *ribaria* > *ribaira* > *ribeira* > *ribera*
MATĔRĬA > *maderia* > *madeira* > *madera*
ŎPĔRARIU > *oberario* > *ob(e)rairo* > *obreiro* > *obrero/ operario* (culto)

Relacionado con yod está lo que en gramática histórica se conoce como el «wau», aunque su influjo es bastante menor que el de yod. Se trata también de un sonido cerrado que puede ser semivocálico o semiconsonántico (es decir, la /u/ en diptongo). El wau inflexiona también la vocal anterior. Su origen es diverso: unas veces existía ya en latín (PAUCU > *poco*; AUCA > *oca*), otras aparece por medio de una metátesis o por pérdida de la vocal -i- en las terminaciones verbales del pretérito (HABUI > *haubi* > *hobe* > *hube*; SAPUI > *saupi* > *sope* > *supe*); también puede darse por una vocalización de una /l-/ implosiva pronunciada velarmente (parecida a la pronunciación catalana) especialmente en la secuencia -ALT-: ALTARIU > *autariu* > *otero*; SALTU > *sautu* > *souto* > *soto*; ALT(E)RU > *autru* > *otro*...).

El vocalismo medieval es el mismo que el del español moderno /a, e, i, o, u/, aunque con las fluctuaciones propias de una lengua que comienza su andadura:

- Variación vocálica. Distintos estados de evolución: *carraria/carraira/carreira/carrera, comide/comde, setmana/semana, judgar/juzagar*... Vacilación en el timbre de las átonas protónicas y postónicas: *mejor/mijor, voluta/veluntad, dizir/dezir, menguar/minguar, soltura/sultura, trobado/trubado.*
- Perdida y conservación de /-e/ final: *honor(e)/honor, sol(e)/sol, part(e)/part, noch(e), dix(e), recib(e), mont(e), part(e), allend(e), huest(e), fuent(e).* A este fenómeno se le conoce como *apócope* de *-e* [Lapesa la denomina «apócope extrema»]. Se constata ya desde finales del siglo XI y sobre todo en el XII. En los poemas épicos, por ejemplo, se colocaba una *-e* para evocar usos arcaizantes, incluso en palabras que no la llevaban (*sone* 'son', *vane* 'van'). Y en la *Crónica General* de Alfonso X (siglo XIII) la inestabilidad de esta vocal es patente (*trist(e), quebrantest(e), recib(e), pued(e), dim(e)*...). Este comportamiento pudo estar alentado por los hábitos articulatorios de los mozárabes en territorio cristiano, influenciados por el árabe; también se ha hablado de una imitación extranjera –una «moda» lingüística– (Cano Aguilar, 1988: 87) que tiene su máximo exponente en el importante influjo francés que recibió la sociedad hispánica de aquel momento. A mediados del siglo XIII, sin embargo, el fenómeno estaba en franco retroceso y así en el siglo XIV la restitución de *-e* es lo normal, excepto cuando quedaban como finales las consonantes *-s, -r, -l, -d, -z, -n.* En los finales con *-t* y *-ch* también se restituye *-e.* Como consecuencia de la pérdida de la vocal final, de igual forma se vieron afectados otros finales o consonantes precedentes. Así ocurre con la *-v*, que al quedar en esa

posición se realizaba como [f]: *nub(e)* > [nuf], *nuev(e)* > [nuef]. Similar situación se da con -g > [k], -d > [d/t/θ]. La pérdida de la *-e* se dará a lo largo del siglo XIV, aunque el Arcipreste de Hita use, como arcaísmo popular, voces como *nief* 'nieve', *dix*, *yot* 'yo te'.

• Diptongación: A lo largo del siglo XIV la lengua va eliminando algunas de sus vacilaciones anteriores. Así, por ejemplo, la terminación *-iello/-illo* se resuelve a favor de *-illo*.

4.2.3. *El consonantismo medieval*

Los profundos cambios experimentados en el latín vulgar –por ejemplo, el efecto de la yod sobre el vocalismo y el nacimiento de nuevos fonemas inexistentes en esa lengua–, traen como consecuencia una importante reestructuración consonántica apreciable en la vacilante ortografía medieval. El sistema consonántico latino pasó prácticamente en su totalidad al español, si bien en éste se crearon, por el contrario, el orden palatal, una serie de africadas medievales, un correlato sonoro para /f/, otro para /s/ y la vibrante múltiple /rr/ (Fradejas Rueda, 1997: 88). La situación durante la Edad Media es la de un sistema en evolución que nunca estuvo fijado del todo. El «diasistema» consonántico puede verse, para este período, representado en el Cuadro 1 (Alarcos, 1971: 254) [equivale al llamado «sistema alfonsí»]:

	labial	dental	alveolar	palatal	velar	líquidas		
Oclus. sordas	*p*	*t*	←	$\underset{\smile}{t}^{s}$	*k*	*r*	*r̄*	—
Oclus. sonoras	*b*	*d*	$\underset{\smile}{d}^{z}$	$\underset{\smile}{d}^{y}$	*g*	*l*		$\underset{\smile}{l}$
Fricat. sonoras	*v*	*đ*	*z*	↓	*ǥ*			
Fricat. sordas	*f*	—	*s*	*š*	—			
Nasales	*m*	—	*n*	$\underset{\smile}{n}$	—			

Cuadro 1
Alarcos (1971: 254)

Una descripción de cada uno de los fonemas que constituían el español medieval, sus orígenes latinos –directamente heredados o a través de las transformaciones vulgares, las grafías con las que se representaban en el español antiguo, así como algunos ejemplos– se contemplan en al Cuadro 2. Para su elaboración he tenido en cuenta únicamente los casos más representativos (*cfr.* Menéndez Pidal, 1980; Cano Aguilar, 1988: 92-110; y Ariza, 1990, para una explicación más detallada):

Cuadro 2
ESQUEMA GENERAL DE LAS CONSONANTES DEL ESPAÑOL MEDIEVAL

Fonema	Descripción	Procedencia	Grafías	Ejemplos
/p/	Oclusivo, bilabial, sordo	P-, -PP-,	P	*patre* > padre *mappa* > mapa
/b/	Oclusivo, bilabial sonoro	B-, -P-, -BB-	B	*bŏnu* > bueno *lŭpu* > lobo *abbate* > abad
/v/	Fricativa, labiodental, sonora	V (consonantizada), -B- (relajada), -F-	V, U (y B)	*venire* > venir *probāre* > probar *profectu* > provecho
/f/	Fricativa, labiodental, sorda	F-, -NF-	F	*fŏrte* > fuerte *infante* > iffante > *infante*
/t/	Oclusiva, dental, sorda	T-, -TT-, -PT-	T	*totu* > todo *gŭtta* > gota *sĕptem* > siete
/d/	Oclusiva, dental, sonora	D-, -D- (inestable), -T-,	D	*die* > día *calidu* > caldo *vita* > vida
/k/	Oclusiva, velar, sorda	K-, -KK-, K^{w}-	$C+^{a,o,u}$	*caput* > cabo *vacca* > vaca *quota* > cuota
/g/	Oclusiva, velar, sonora	G-, K- (pocos), -K-, -K^{w}-, G^{w} (pocos)	$G+^{a,o,u}$	*gŭ tta* > gota *cattu* > gato *secūru* > seguro *aliquod* > algo *lĭngua* > lengua
/ś/	Fricativo, alveolar, sordo	S-, -SS-, -PS-, -RS- (asimilados)	S-, -SS-, -S	*solus* > solo *grŏssu* > gruesso *ipse* > esse *ŭrsu* > osso

Cuadro 2 *(continuación)*
ESQUEMA GENERAL DE LAS CONSONANTES DEL ESPAÑOL MEDIEVAL

Fonema	Descripción	Procedencia	Grafías	Ejemplos
/ż/	Fricativo, alveolar, sonoro	-S-, -NS- (simplificada)	-S-	*casa* > casa *mensa* > mesa
/ŝ/ [ts]	Dentoalveolar, africado, sordo	$K^{e,i}$-, $SK^{e,i}$-, K' (palatalizada), Tj-, Kj-, -DJ- (pocos)	$C^{e,i}$, Ç+vocal	*caepŭla* > cebolla *schedŭla* > cédula *carcĕre* > cárcel *martiu* > março *lancea* > lança *gaudiu* > goço
/ẑ/ [dz]	Dentoalveolar, africado, sonoro	K', -TJ-, -KJ-, /Kw^e, Kw^i/ (pocos), -RG'- > -rz-, -K'T- (románico)	Z	*dicere* > dezir *pŭteu* > pozo *cortĭcea* > corteza *coquere* > cozer *coquīna* > cozina *argĭlla* > arzilla *placitu* > plazo
/š/	Prepalatal, fricativo, sordo	-KS-	X	*laxus* > lexos
/ž/	Prepalatal, fricativo, sonoro	j (yod latina), -Lj-, -K(u)L-, -G(u)L-, -T(u)L-,	I, J, $g+^{e,i}$	*iam magis* > jamás *fīliu* > fijo [fiyo] *ŏc(ŭ)lu* > ojo [oyo] *rēg(ŭ)la* > reja *vĕt(u)lu* > viejo
/ĉ/	Africada, prepalatal	Const.+PL, KL, Fl, const.+LJ, K'L, G'L, T'L, -KT- > it, -ULT-	CH (<francés)	*amplu* > ancho *conclavāri* > conchavar(se) *inflāre* > (f)inchar *cochlĕāre* > cuchara *manc(ŭ)la* > mancha *cingŭlu* > cincho *nŏcte* > noche *mŭltu* > mucho
/y/	Africado, mediopalatal	I-, /ie-/, G'-, -J-, -DJ-, -GJ-	Y, I, J, g+ vocal, ig, gi	*iam* > ya *ĕqua* > yegua *gĕlu* > yelo > hielo

Cuadro 2 *(continuación)*
ESQUEMA GENERAL DE LAS CONSONANTES DEL ESPAÑOL MEDIEVAL

Fonema	Descripción	Procedencia	Grafías	Ejemplos
				maiu > mayo *pŏdĭu* > poyo *fagĕa* > haya
/m/	Nasal, bilabial	M, -MM-, -MB-	M	*matre* > madre *sŭmmu* > somo *palŭmba* > paloma
/n/	Nasal, alveolar	N	N	*nĭgru* > negro
/ɲ̌/	Nasal, palatal	-NJ-, -NG-, -NG'L-, -GN-, -NN-, -MN-,	NN, Ñ	*seniōre* > señor *cĭngĕre* > ceñir *ŭng(ŭ)la* > uña *sĭgna* > seña *annu* > año *scamnu* > escaño
/l/	Líquida, lateral	L	L	*luna* > luna
/λ/	Líquida, palatal	PL-, KL-, FL-, -LL- (geminada latina), -FFl-, -B'L-, T'L-, -LJ- (pocos)	LL	*planu* > llano *clamāre* > llamar *flamma* > llama *pŭllu* > pollo *afflāre* > fallar *trib(ŭ)lu* > trillo *rŏt(ŭ)lu* > rollo *battulĭa* > batalla
/r/	Vibrante, simple	-R-	R	*caru* > caro
/rr/	Vibrante, múltiple	-RR-, R-	R-, -RR-	*carru* > carro *rŏta* > rueda

* *relajada* = por hacerse fricativa al ser intervocálica.
* *inestable* = lo normal es su pérdida, aunque también hay ejs. de mantenimiento.
* *pocos* = los casos son esporádicos, extraños o infrecuentes.
* *asimilados* = la asimilación se produjo ya desde el lat. vulgar.
* *simplificada* = se reducía ya en el propio latín.
* *románico* = se trata de un grupo originado en el romance.

Algunos de los rasgos más destacados de este sistema en evolución son los siguientes:

- La distinción entre /b/ y /v/, que luego desaparecerá.
- El cambio de /f-/ > [h] (aspirada) y luego Ø. En el XIV se extiende el paso f- > [h], aunque la literatura sigue prefiriendo *f-*.
- El proceso de palatalización de $K+^{e,i}$. Ésta aparece constatada ya desde el siglo IX. A partir del siglo X tenemos también palatalizaciones de -ll- y -nn- latinas. Igualmente, en el orden palatal se encontraban sonidos más o menos próximos como resultado de las evoluciones de /ĉ/, /λ/ y /y/ (éste como variante del anterior).
- Existió un grupo particular de fonemas medievales –que desapareció como subsistema en el español moderno– que recibe el nombre de «sibilantes». Caracterizadas éstas porque en su emisión interviene una especial impresión acústica parecida al *silbido*, las sibilantes medievales constituyeron la base principal de todo un proceso fonético-fonológico que tendrá consecuencias extraordinarias en la historia de la lengua española. Estos fonemas medievales formaban tres parejas de sonidos opuestos por el rasgo sordo/sonoro y se articulaban en la zona alveolar, dental y palatal: /ṡ/-/ż/, /ŝ/-/ẑ/ y /š/-/ž/ (*cfr.* el Cuadro 2). Una vez que se puso en marcha todo un conjunto de factores fonéticos, lo cierto es que el estrecho margen de seguridad entre las realizaciones de estos fonemas hizo que la oposición sorda/sonora se simplificara en favor de la *sorda,* con lo cual a partir del siglo XV en adelante (aunque hay testimonios de confusiones ortográficas desde siglos atrás) la lengua opera con los tres fonemas sordos /ṡ/, /ŝ/ y /š/. Ahora bien, aunque el modelo ortográfico alfonsí seguía vigente, numerosos escritores y escribanos en general confunden a menudo las ortografías de los antiguos fonemas medievales. Este tipo de *errores* o *lapsus cálami* que se aprecia en los documentos de la época fue puesto de manifiesto por algunos gramáticos antiguos al hablar del *çeçeo* (*paço* por *passo*) y del *zezeo* (*caza* por *casa*) como rasgos propios del final del período medieval. Sin embargo, en buena parte de la Andalucía central y en toda Canarias y América el sistema de sibilantes medieval tuvo un comportamiento más complejo, en la medida en que se simplificó todavía más la antigua oposición, confluyendo en un único fonema sordo las antiguas /ṡ/=/ŝ/ > /s/ (con distintas realizaciones), mientras que para el caso de /š/ > [h] se produce una generalizada aspiración en las hablas meridionales. Es lo que modernamente se llama *se-*

seo y aspiración de /χ/ respectivamente. La situación esbozada ahora dividirá en dos grandes normas lingüísticas al español: por un lado el «castellano norteño» (distinguidor de s/θ y /χ/), mientras que el denominado «español atlántico» reducirá dicha oposición a una única /s/ más la consabida aspiración de /χ/. (*Cfr.* Frago Gracia, 1983 y 1985).

• La secuencia de *oclusivas sordas* latinas en posición intervocálica sonorizó al pasar al español normalmente: -P- > *-b-*, -T-> *-d-*, -K-> *-g-* (salvo los casos de cultismos). Las nuevas consonantes se hicieron luego fricativas, aunque en la mayoría de los casos no varió su escritura. Así: SAPOREM > *sabor*; SPICAM > *espiga*; LEGATUM > *legado*; VIRTUTEM > *virtud*; ACUTUM > *agudo*; SECURUM > *seguro*. En algunas palabras la secuencia fónica constituida por *cons. sorda+R* también favoreció la sonorización: APRILEM > *abril*; APRICUM > *abrigo*; COMATREM > *comadre*; SACRATUM > *sagrado*.

• Relacionado con el fenómeno anterior está el proceso de *simplificación* operado en las consonantes geminadas (= dobles) latinas, que se simplificaron al pasar al español, excepto el caso de -rr- que perduró. Ejs.: ABBATEM > *abad*; ATTENUATUM > *atenuado*; PECCATUM > *pecado*; PRAEOCCUPARE > *preocupar*; AFFLUENTEM > *afluente*. Puesto que eran geminadas, la sonorización de las sordas no se materializó en muchos de estos casos.

• Un fenómeno fonético que se advierte ya en el español medieval es el que tiene que ver con las *asimilaciones* producidas por los grupos de *r+pronombre iniciado por L-* > -ll- y *R+S* > -ss-: *enmendarlo* > *enmendallo*; *adobarse* > *adobasse*; *vedarlo* > *vedallo*.

• También resulta destacable la desaparición de /-d-/. En las desinencias verbales acabadas en *-des* comienza a eliminarse la -d-: *andarés, yrés, enfiés, entendés,* aunque todavía estas formas alternan con *avedes, olvidedes, amades* (< lat. -ATIS). En el siglo XV, por ejemplo, la resolución es clara: *deseáis, esperás, tenéis, ganaréis, sojuzgarés, pornés* 'pondréis', *dormís*.

4.2.4. *Otros fenómenos*

El cambio fonético que se ha producido del latín al español viene condicionado por las normas generales que se estudian en la Historia de la lengua (algunas de las cuales ya hemos visto). Para todas estas cuestiones se establece una serie de reglas («leyes fonéticas») que, en mayor o menor medida, da una explicación del porqué del cambio. Sin embargo, cuando una palabra o construcción determinada se «desvía» de la regla general previamente dictada –Menéndez Pidal (1980: 176) las llama «voces rebeldes»–, la explicación de su cambio puede darse a través de un conjunto de fenómenos que intenta ir más allá de lo «regularmente» preestablecido. Menéndez Pidal, (1980: 175-201), Lloyd (1993: 10-15) y Penny (1993: 28-33), entre otros, señalan que para la comprensión del cambio fonético hay que atender también a los siguientes procesos:

4.2.4.1. *Asimilación*

Cuando un sonido se modifica para imitar los rasgos articulatorios de otro que está próximo se dice que está *asimilado.* La asimilación puede ser regresiva o anticipatoria (SĔPTE > *siete*), progresiva (PALŬMBA > *paloma*) o recíproca (CAUSA > *cosa*).

4.2.4.2. *Disimilación*

Es el fenómeno contrario al anterior. Es decir, dos o varios sonidos iguales tienden a hacerse distintos. En las líquidas es donde mayor número de disimilaciones se registra: ARBOR > *árbol*; MARMOR > *mármol*; ROBUR > *roble*; CARCER(E) > *cárcel*. También hay ejemplos en los que se elimina el fonema en conflicto (disimilación eliminadora): PRO(R)A > *proa*; PROPRIU > *propio*; ARATRU > *arado.* Los contextos más frecuentes son: /n-m/ > /l-m/; /m-m/ > /n-m/; /m-n/ > /m-l/; /l-l/ > /l-r/; /r-r/ > /l-r/ y /r-l/.

4.2.4.3. *Metátesis*

Se define como el cambio de posición de un sonido dentro de una palabra. Puede haber metátesis *simple* o sencilla [sólo cambia un elemento] (PRAESEPE > *pesebre*; INTEGRĀRE > *entregar*; CREPARE > *quebrar*; SŬPER > *sobre*) y metátesis *recíproca* [cambian dos elementos] (PARABŎLA > *palabra*; PERICŬLU > *peligro*; MIRAC(Ŭ)LU > *mirag'lo* > *milagro*).

4.2.4.4. *Síncopa*

Se trata de la pérdida de un sonido o grupo de sonidos en el interior de una palabra. Es lo que sucede, por ejemplo, con la pérdida de las vocales interiores átonas (protónicas y postónicas): COM(I)TE > *com'de* > *conde*; APĬC(U)LA > *abeg'la* > *abeja*; CIV(I)TATE(M) > *civ(i)dad(e)* > *ciudad.*

4.2.4.5. *Apócope*

La apócope es la pérdida de un elemento en el final de palabra: SOL(E) > *sol*; HONOR(E) > *honor*. Es general la apócope de -E en todos los infinitivos latinos que pasaron al español.

4.2.4.6. *Aféresis*

Es la pérdida de algún elemento al principio de palabra: APOT(H)ECA > *bodega.* La aféresis de A- estuvo influida por la presencia del artículo femenino *la+(a)-* a través de la fonética sintáctica.

4.2.4.7. *Epéntesis*

Es la adición de algún elemento en el interior de una palabra. El sonido añadido puede reforzar la articulación silábica para dar mayor impresión acústica. Los sonidos nuevos también son reconocidos como «consonantes intrusas» o «parásitas»: STELLA > *estrella*; HUM(Ĕ)RU > *hombro*; MACŬLA > *manc(u)la* > *mancha*; FILIATILE > ant. *hojalde* > mod. *hojaldre.*

4.2.4.8. *Prótesis*

Si la adición es al principio de palabra se llama *prótesis.* Se da especialmente en las palabras que comienzan por *s(+const.)* [s- líquida]. Así: SCHOLA > *escuela*; SPATHA > *espada*; SCORTA > *escolta.*

4.2.4.9. *Etimología popular*

Se trata de un tipo de asociación que los hablantes hacen de ciertas palabras basándose en su parecido fónico, gramatical o léxico. Es, por tanto, un cruce de palabras, resultado del cual nace la nueva etimología popular: *vagabundo* ('vagar por el mundo' > *vagamundo*); *necromancia/ necromancía* (< gr.) > 'relacionado con la magia negra' > *nigromancia/nigromancía*; VERŬCŬLUM > *berrojo* 'instrumento para cerrar las pueras' > *cerrojo* y al ser de hierro > *ferrojo*, esp. ant.

4.2.4.10. *Ultracorrección*

El afán corrector (equivocadamente «purista») de algunos hablantes lleva a corregir palabras que, aún estando bien, son interpretadas como erróneas. Por eso se produce una *ultracorrección*, es decir, 'una corrección sobre lo correcto'. Se da con cierta frecuencia en la reposición de la -d- intervocálica en palabras como *Bilbado* (Bilbao), *bacalado* (bacalao), *Estanislado* (Estanislao), porque se cree que se ha perdido la -d-.

4.3. Morfosintaxis medieval

La base morfosintáctica del español queda fijada, a grandes rasgos, desde el siglo XIII en adelante. Como señala Cano Aguilar (1988: 113), la manera en que se estructura el castellano sí presenta, no obstante, importantes diferencias frente al latín clásico, por lo cual ambas lenguas deben ser concebidas ya como modelos diferentes y no variedades temporales de un único sistema lingüístico. Por otro lado, latín y español siguen perteneciendo a un mismo tronco común ya que en el tránsito de una lengua a la otra se heredarán similares categorías como son el género, el número, los tiempos verbales, el modo, el sistema flexional a través de las preposiciones, funciones oracionales y sus correspondientes esquemas sintácticos. En la reestructuración morfosintáctica operada en los tiempos del latín vulgar hasta el nacimiento de las lenguas vernáculas hay que tener presente la importancia que adquirieron los cambios fonéticos y cómo estos actuaron en las estructuras morfosintácticas de la lengua latina clásica. Por ello, para la total comprensión de la historia de ambas lenguas los fenómenos fonético-morfosintácticos no pueden ser analizados de manera autónoma, ya que muchos de los procesos morfológicos no son sino el resultado de la evolución fonética que se operaba en el latín hablado. Veamos a continuación algunos de los cambios más sobresalientes (*cfr.* una explicación más amplia en Alvar y Pottier, 1983; Urrutia Cárdenas y Álvarez Álvarez, 1988):

• *El nombre* (sustantivos y adjetivos; género y número). Tanto en los sustantivos como en los adjetivos castellanos se reparte la distinción genérica que había en latín (masculinos, femeninos y neutros). El castellano distinguirá masculinos y femeninos para ambos casos y, como se sabe, se establecerá una relación de *concordancia* entre ambas clases de palabras. Desde el siglo I d. C., por ejemplo, los neutros se fueron distribuyendo entre las dos grandes categorías genéricas. Este neutro perduró, sin embargo, en la categoría pronominal (*lo, eso, aquello, esto...*). Por su parte, la categoría del número se mantiene, en general, al pasar al español: singular y plural. Como consecuencia de la desaparición de las declinaciones, el español tomó la terminación -S (< acusativo plural) como marca de plural (ROSA(M)/ROSAS > *rosa/rosas*, AMICU(M)/AMICOS > *amigo/amigos*), frente a la terminación del acusativo singular. Para palabras terminadas en consonante se añadió -ES (*verdad/verdades, canción/canciones*). Las funciones sintácticas que representaban los sustantivos y adjetivos –mediante el sistema desinencial de cinco declinaciones latinas– comenzará a ser inoperante desde el siglo I d. C., de tal manera que los contenidos semántico-funcionales que representaban (sujeto, vocativo, objeto directo, complemento del nombre, objeto indirecto y circunstanciales) serán reemplazados a través de las preposiciones o de la propia modificación sintáctica. El *acusativo* fue, según se ha dicho, el caso que perduró en la evolución lingüística y el que sirve como punto de partida para la explicación etimológica de la mayor parte de las palabras declinables latinas (SALUT(E)(M) > *salud*; ECCLESIA(M) > *iglesia...*). Sin embargo, otros autores defienden que el latín vulgar simplificó el antiguo sistema casual clásico en un nuevo sistema sincrético, en el cual funcionaría un caso *recto* (< del nominativo, que desempeñaría las funciones de sujeto) y un caso *oblicuo* (< del acusativo y ablativo, que haría las funciones de complemento). En español antiguo y moderno perduran, no obstante, algunos restos de los antiguos casos latinos, tal y como ha demostrado Lapesa (1964).

En el caso de los adjetivos, estos crearán dos grandes grupos: los que diferencian género (*alto/alta, bueno/buena,* < de los adjs. latinos de tres terminaciones, -US, -A, -UM) y los invariables (*verde, fuerte,* < de los adjs. latinos de dos terminaciones, -IS, -E). La apócope vocálica favoreció, a partir del siglo XIII, la caída de *-o* en algunos adjetivos masculinos –aunque también en ciertos femeninos– que precedían a sustantivos (*buen(o) vasallo/ buen(a) ora*). Quizá uno de los aspectos más llamativos de la transformación adjetival latina a la española es el que tiene que ver con la «gradación». Frente a la flexión latina -IOR (masc. y fem.) e -IUS (neutros), el romance desarrolló un esquema analítico basado en el uso de MAGIS+adj.+QUAM; TAM+adj.+QUAM; MĬNUS+adj.+QUAM para el caso de la comparación (de superioridad, igualdad e inferioridad respectivamente). El superlativo clásico en -ISSIMUS, -A, -UM desapareció en los primeros tiempos (su valor fue sustituido por *muy, mucho, el más de...*). Sólo siglos después, vuelve a introducirse en el idioma > -ÍSIMO/-A como cultismo.

• *Los pronombres.* Conservaron su significado situacional o deíctico, pero experimentaron grandes cambios en el romance. No obstante, mantienen el neutro y el caso. Se añadió, según algunos autores, la categoría del *artículo* que funcionaría como un determinante más del sustantivo. Los *personales* se ajustan a su etimología latina: ĔGO > *yo*; TŪ > *tú*; ĬLLE > *él*, ĬLLA > *ella*, ĬLLUD > *ello*; NOS > *nos* (+ALTERUM) > *nosotros*; VOS (+ALTERUM) > *vosotros*; ĬLLOS > *ellos*. Los pronombres átonos de 3ª persona presentan una gran complejidad debido a interferencias y a la especialización con que actuaron determinadas formas, especialmente con verbos transitivos e intransitivos desde los primeros tiempos. *Lo(s), la(s)* y *le(s)* mantienen el sistema latino de diferenciación acusativo/dativo. El *leísmo*, por ejemplo, está documentado desde muy antiguo.

Mención especial merecen las llamadas formas de tratamiento. Éstas presentaban un sistema heredado del latín que ha llegado muy simplificado a la lengua de nuestros días. Puede hablarse de un TŪ > *tú* como trato informal y de un VOS > *vos* como forma de respeto, ambos para el singular, mientras que para el plural se empleaba *vos* para las dos situaciones. Hacia finales de la Edad Media, sin embargo –y por razones de tipo social y pragmático–, los límites entre el *tú* y el *vos* van siendo cada vez menores, circunstancia que obliga a los hablantes a utilizar otro tipo de fórmulas (por ejemplo, *vuestra merced* > *vuesa merced* > *vuesasted* > *usted*). Al *vos* se le añadió *otros* > *vosotros* y de *nos+otros* > *nosotros*, muy frecuentes desde el siglo XIV. A finales de la Edad Media encontramos para el singular informal las formas *tú/vos* frente a *vuestra merced* reservado para el trato deferencial; en el plural, por su parte, el tratamiento informal se establece con *vosotros*, mientras que el de respeto a través de *vuestras mercedes*. (*Cfr.* Lapesa, 1970).

Los *posesivos* diferencian género y número de la posesión e introdujeron el número del poseedor. Etimológicamente proceden de MĔU > *mío*/ MĔA > *mía*; TŬU > *to* > *tuyo*/ TUA > *tua* > *tuya*; SŬU > *so* > *suyo*/ SUA > *sua* > *suya*. Desde el siglo XIII presentan apócope (*mi, tu, su*). Las formas TUO/TUA/SUA/SUO se ven contagiadas por el relativo posesivo *cuyo/-a* (< CUIU(S), -A), dando lugar a *tuyo/a, suyo/a* a partir del siglo XIII. Los posesivos plurales para varios poseedores derivan de NŎSTRU > *nuestro* y VŎSTRU (analógico) > *vuestro.*

Por su parte, los *demostrativos* formaron una tríada basada en la relación espacial que se encuentra ya desde los orígenes del idioma: ĬSTE > *este/* ĬSTA > *esta/* ĬSTUD > *esto*; ĬPSE > *ese/* ĬPSA > *esa/* ĬPSUM > *eso*; *ACCU-ĬLLE > *aquel/* *ACCU-ĬLLA > *aquella/* *ACCU-ĬLLUD > *aquello,* para el singular; y para el plural: ĬSTOS > estos/ ĬSTAS > *estas*; ĬPSOS > *esos/* ĬPSAS > *esas*; *ACCU-ĬLLOS > *aquellos/* *ACCU-ĬLLAS > *aquellas.*

El paradigma de los pronombres *indefinidos* y *cuantitativos* también cambió notablemente en el romance, máxime si se tiene en cuenta que en el propio latín era un grupo de palabras poco estructurado. Los casos más frecuentes son ALIQUI(S)+UNUS > *alguno*; ALIQUOD > *algo*; NEC+UNUS > *ninguno*; TOTU(M) > *todo*; CĔRTUS > *cierto*; ALTERU(M) > *otro*; TAL(EM) > *tal*; TANTU(M) > *tanto*... Entre los numerales cardinales se aprecian los fenómenos propios de la evolución fonética, además de algunas peculiaridades. Así, UNU > *uno*; QUINDĔCIM > *quince*; VĪGĬNTI > *veinte* y por analogía TRĪGĬNTA > *treinta*; CĔNTUM > *ciento* [*cien(t)*]; MILLE > *mill(e)* > *mil*... Los numerales ordinales tuvieron similar comportamiento. Así, PRIMARIUS > *primero*; SECUNDU > *segundo.* Formas múltiples son DŬPLU > *doble*; TRIPLU > *triple*; TERTIA > *tercia*; SINGULI > *seños* > *sendos.*

Los pronombres *relativos* o elementos de relación experimentaron una gran reestructuración en el romance debido, sobre todo, al efecto analógico. En su paso al español los vamos a encontrar desempeñando funciones pronominales o de adverbios relativos. Las formas más frecuentes son QUI > *qui,* que alterna con *quien* y que fue desplazado por éste antes del fin de la Edad Media; QUĬD > *que* (otros autores hacen derivar esta forma de QUĔM, sin diptongación por ser proclítico); QUAL(EM) > *cual*; CUIUS, -A, -UM > *cuyo, -a, -o* (forma arcaica del propio latín con resultados en Cerdeña y la Península [*cfr.* port. *cujo*]); QUANTU > *cuanto(s), -a(s)*; QUĔM > *quien* (en los Siglos de Oro se crea el plural analógico *quienes*).

• *El artículo.* Se ha señalado como una de las causas principales del nacimiento del artículo la altísima frecuencia que en la lengua hablada llegó a adquirir la determinación a través del demostrativo ĬLLE y en algunos casos de ĬPSE. El empleo del artículo todavía es menor en los primeros textos, aunque cada vez más se advierte un mayor incremento de esta forma: «qui dat a *los* misquinos» (*Glosas Emilianenses*), «labraua *el* fierro» (*General Estoria* de Alfonso X). Para su etimología se han propuesto dos orígenes. Así, M. Pidal y B. Pottier coinciden en señalar que las formas del plural (ĬLLOS > *los*; ĬLLAS > *las*) provienen del acusativo plural latino, pero en lo que se refiere a las formas del singular, por el contrario, Pidal propone el nominativo (ĬLLE > *ell, el*; ĬLLA > *ela, la*) y Pottier el acusativo (ĬLLUM > **ello, ell, el*; ĬLLAM > **ella, ela, la* [*el*, ante vocal á-]. El nominativo neutro ĬLLUD > *elo, lo.*

Desde los orígenes, también el artículo se especializó en la función de «transpositor» de otras categorías (mayormente con los adjetivos) en sustantivos (*cfr.* Álvarez Martínez, 1986: 17-26).

• *El verbo.* El tránsito del sistema verbal latino al español es uno de los terrenos de mayor dificultad por una doble circunstancia: por la influencia que la evolución fonética y analógica ejercen sobre el aspecto formal del verbo por un lado y por la evolución semántica que esta categoría experimenta por otro, sobre todo cuando el mismo presenta diferencias motivadas por la situación contextual o pragmática. A pesar de todo esto, el español heredó casi todos los morfemas que expresaban las nociones de persona/número, aspecto, tiempo y modo. De los diez tiempos del latín clásico sólo siete encontramos en romance, aunque se han creado otras formas. Así, por ejemplo, se perdió completamente la pasiva sintética latina y se creó un tiempo de «perfecto», además del «pretérito», un «condicional» y un futuro de «subjuntivo» (Andrés-Suárez, 1994; Urrutia Cárdenas y Álvarez Álvarez, 1988: 191-297).

El latín tenía cuatro declinaciones (1ª en -ĀRE, 2ª en -ĒRE, 3ª normal en -ĔRE, 3ª mixta en -ĔRE y 4ª en -ĪRE). Éstas se redujeron a tres en castellano: 1ª en -AR, 2ª en -ER y 3ª en -IR. Los verbos de la 3ª mixta se distribuyeron, mayoritariamente, entre los de la 2ª y la 3ª conjugación romance. Debido a los contextos fonéticos (por ejemplo la caída de las vocales postónicas) y a la acción analógica, la acentuación verbal provocó en su paso al español la aparición de formas *fuertes* 'llevan el acento en la raíz' (*c[á]nt-o*; *c[á]nt-an...*) y formas *débiles* 'llevan el acento en la vocal temática o en la desinencia' (*cant-[á]mos, cant-é...*).

En lo que se refiere a la *voz*, el hecho más destacable es la desaparición de las formas sintéticas latinas (a través de las desinencias -OR, -RIS/-RE, -TUR, -MUR, -MINI, -NTUR para los presentes e imperfectos de indicativo y subjuntivo y para el futuro imperfecto de indicativo). Estas desinencias funcionaban en los llamados tiempos de INFECTUM, mientras que había formas analíticas en los de PERFECTUM (construidas con el auxiliar ESSE y el participio pasivo del verbo que se conjuga). De esta última posibilidad será de la que surgirán las perífrasis romances. En español la sustitución se produjo con la construcción analítica mediante *ser/estar+participio+(por)* [lat. clásico AMANTUR > '*son amados*'; AUDIMUR > '*somos oídos*'...].

Las desinencias verbales latinas se ajustaron a las reglas fonéticas regulares, si bien la *excepcionalidad*, la *acentuación* y el fenómeno de la *analogía* son tres aspectos que deben tenerse muy en cuenta para explicar no pocas irregularidades del verbo español.

También hay que destacar la importancia que adquirió el uso de HABERE como forma que actuará en la creación analítica de numerosos tiempos, el cual, debido a su alta frecuencia, sufrió un desgaste fonético de tal manera que hoy en día lo encontramos en algunos tiempos fusionado al verbo: HABEO > *(H)A(B)EO > *AEO > *AIO > É. Así, CANTARE+HABEO > CANTARE+AIO> CANTARE+É > *cantaré* (futuro romance). Este tipo de perífrasis puede hallarse a menudo separada en el castellano medieval, especialmente si el verbo iba al principio de la frase o mediaba un pronombre afijo entre ambos: *Conbidar le yen de grado* (Cid), *matarlos emos a todos* (Primera Crónica General) [*cfr.* Cano Aguilar, 1988: 157]. Las formas compuestas con HABERE transmitieron el valor perfectivo 'acción pasada concluida'.

Por su parte, las llamadas «formas no personales del verbo» (*infinitivo, gerundio* y *participio*) sufren una reducción considerable del modelo latino clásico. Así, las formas *supinas* o *gerundivas* no tendrán resultados en español (por ej.: AMATURUS, -A, -UM, AMANDI, AMANDUM ESSE, AMANDUS...). Del infinitivo encontramos el presente activo (*amar*), del gerundio las formas de ablativo latino en -NDO (*amando*) y del participio el perfecto pasivo (*amado*), que mantiene los valores adjetivales y verbales. Desde el siglo XIII en adelante las formas no personales comienzan a especializarse en los usos actuales y es destacable la creación de numerosas perífrasis verbales –apoyadas por las preposiciones– que transmiten diferentes valores de obligación, poder, capacidad, posibilidad, dirección, mandato, ruego, acción en curso, valores absolutos, etc.

En líneas generales, la estructura del verbo actual corresponde a la base latina, aunque con muchas interferencias en la época de orígenes. Los verbos intransitivos se auxiliaban a menudo con *ser*: «una estrela *es nacida*», «*son* idos», aunque también podía aparecer *aver*: «a Valencia *an entrado*». Al contrario del español actual, en los tiempos compuestos con *aver* los participios podían concordar con el complemento directo: «no *la* avemos *usada*/no *la* hemos *usado* (esp. actual)». También desde los orígenes hallamos ejemplos modernos: «tal batalla avemos *arrancado*».

Para los valores de 'obtener', 'conseguir', 'lograr' se prefería *aver*, mientras que *tener* se empleaba para 'estar en posesión de algo', 'mantener', 'retener', aunque esta distinción no era del todo clara.

En el XIV hay también una progresiva acentuación de los imperfectos en *-ía* (sabía) frente a las fluctuaciones anteriores en *-íe* (sabíe). Ahora se prefieren las soluciones *entendías, veía, quería, fazíades*.

EVOLUCIÓN DEL VERBO LATINO CLÁSICO AL ESPAÑOL

MODO INDICATIVO

Tiempos simples	*Tiempos compuestos*
Presente: AM-O > *amo*	Pret. perfecto: HABEO+AMATUM > *he amado*
Pret. imperfecto: AMA-BA-M > *amaba*	Pret. plusc.: HABEBAM+AMATUM > *había amado*
Pret. perf. simple: AMA-V-I > *amé*	Pret. anterior: HABUI+AMATUM > *hube amado*
Futuro: *[AMA-B-O]/ AMARE+HABEO > *amaré*	Fut. perfecto: HABERE+HABEO+ AMATUM > habré amado
**Condicional: AMARE+HABEBAM > *amaría*	**Condicional perfecto: HABERE+ HABEBAM+AMATUM > *habría amado*

* Desapareció la forma latina. Creación analítica romance.
** No existía en el lat. literario.

MODO SUBJUNTIVO

Formas simples	*Formas compuestas*
Presente: AM-E > *ame*	Pret. perfecto: *[AMAUERIM]/ HABEAM+AMATUM > *haya amado*
Pret. imperfecto: *[AMAREM]/ AMARAM /AMAVISSEM > *amara/amase*	Pret. plusc.: HABUERAM/HABUISSEM+ AMATUM > *hubiera/hubiese amado*
Futuro: AMAVERO > *amare*	Futuro perfecto: HABUERIM, -O +AMATUM > *hubiere amado*

* No sobrevivió en español.

MODO IMPERATIVO

Presente: 2ª pers. sing.: AMA > *ama* / TĬME > *teme* / DŎRMI > *duerme* 2ª pers. plur.: AMATE > *amad*/ TĬMETE > *temed* / DŎRMITE > *dormid*

Las formas del imperativo (seis en latín clásico) se redujeron, formalmente, a dos en español, aunque los valores «imperativos» pueden ser expresados también mediante otro tipo de construcciones en el castellano medieval: con la 2ª pers. del singular y plural del presente de subjuntivo en frases afirmativas donde hoy utilizaríamos el imperativo [*Oyas, sobrino... = escucha, sobrino*]; con el imperfecto de subjuntivo en *-se* [*fossedes mio huesped... = sed mi huesped*] o con las perífrasis formadas por presente de subjuntivo (segundas personas) + infinitivo [*mandedes ensillar = ensillad*] (*cfr.* Andrés Suárez, 1994: 298-300). Lo normal es que en este modo actuaran las leyes fonéticas regulares, de tal manera que -A > *-a*, -I > *-e*, -E > *-e*, -TE > *-d*.

El esquema general del verbo español presenta, como se ve, modificaciones temporales, aspectuales y modales respecto del sistema latino. Del indicativo perduran el presente (*amo*), el imperfecto (*amaba*) y el pretérito perfecto simple (*amé*), mientras que del subjuntivo sólo se conserva el presente (*ame*). Los tiempos que se han perdido son el futuro imperfecto de indicativo *amabo* (reemplazado por la perífrasis *amare habeo*), el imperfecto de subjuntivo *amarem* (que fue sustituido por el pluscuamperfecto *amauissen*) y el pretérito perfecto de subjuntivo *amauerim*. Las formas que han cambiado su valor originario son el futuro perfecto de indicativo (*amauero*), que ocupó la zona del futuro imperfecto de subjuntivo, el pluscuamperfecto de indicativo (*amaueram*), que a partir del siglo XIII se traslada hacia el subjuntivo y el pluscuamperfecto de subjuntivo (*amauissem*), que ocupó la función de imperfecto del mismo modo (*cfr.* Penny, 1993: 153-218; Andrés-Suárez, 1994: 118-121).

• *El adverbio.* La lengua latina disponía de adverbios haciéndolos derivar de adjetivos, básicamente a través de la terminación -E. En español se aprecian algunos de estos mecanismos: BĔNE > *bien*, MALE > *mal*, TARDE > *tarde*, LŎNGE > *lueñe* (E.M.) 'jejos'. También otro procedimiento usual era añadir una -S final (llamada «s adverbial») –ya existente en ciertos adverbios latinos del tipo MAGIS, LAXIUS, FŎRAS...)– en algunos adverbios en castellano medieval, aunque no fijados del todo: NUMQUAM > *nunca(s)*, ANTE > *antes*, IN TŎNC > *entoz* > *entonces*. Los adverbios de modo, acabados en *-mente* (< del sustantivo MĔNS, MĔNTIS 'mente') tuvieron una alta productividad en la época medieval, llegando hasta hoy, y los encontramos con las terminaciones en *-miente* o *-mientre*. Otros adverbios frecuentes en el español medieval son *suso* < SURSUM, *yuso* < DEORSUM, *í* < IBI, desaparecidos de la lengua actual. HŎDIE > *hoy*, SĔMPER > *siempre*, IAM > *ya*, IAM MAGIS > *jamás*, ECCU(M) HIC > *aquí*, ECCU(M) HAC > *acá*, IN PŎST > *empués, empós* (E.M.), DE PŎST > *depués*, DE EX PŎST > *después*, CĬRCA > *cerca* > *cerca de*, por el contrario, llegan hasta hoy en día.

• *Las preposiciones.* Una vez que la lengua hablada operó los grandes cambios en el terreno fonético (indistinción de las cantidades vocálicas, irrelevancia del grado de abertura y simplificación de las mismas, etc.) quedó sin distinción, por tanto, el sistema casual clásico. Fue entonces cuando las *preposiciones* adquirieron un gran protagonismo para marcar las relaciones sintagmáticas que caracterizan la oración española. Así, por ejemplo, desde la época de orígenes se advierte el empleo de A+C.DIRECTO con pronombres tónicos y nombres propios referidos a personas. A partir del siglo XIII este uso va siendo cada vez más normal: «*a ti* adoro», «salvest *a Daniel*». También las preposiciones aumentan en otros esquemas sintácticos de muy variada índole como en el indirecto, en los llamados complementos nominales (donde prevalece *de*) y, sobre todo, en los circunstanciales (temporales, modales, de lugar, situacionales, causales, instrumentales, finales...). Algunas de las preposiciones más frecuentes son (Penny, 1993: 218-222):

AD 'a' > *a*. *Para* amplió sus valores.
AB 'fuera de'. Su valor fue sustituido por *de/desde*.
DĒ 'fuera de', 'después' absorbió los valores de AB y EX > *de*.
CŬM '(junto) con' > *con*.
SINE 'sin' > *sin*.
IN 'a, en' > *en*. *A* (< AD) desplazó a *en* en contextos con idea de 'movimiento'.
EX (y su variante E) 'lejos de, fuera de' > combinada con DE+EX > *des* (E.M.) > *desde*.
ĬNTER 'entre, durante' > *entre*.
INTRŌ 'dentro' > DE+INTRO > *dentro*.
PER 'por, durante' > se funde con PRO > *por* (E.M.) > *por a/pora* > *para*.
TRANS 'a través de, más allá' > sustituida por *por* 'movimiento'.
SŬPER 'arriba, encima, durante, además' > *sobre*.
SŬB 'bajo' > *so* (E.M.). Desplazada por BASSUS > *baxo, baxo de, debaxo de*.
ANTE 'antes, delante de, frente' > *ante*. Para el sentido 'temporal' > *antes [de]*. Otros valores: DE EX ANTE > *desante*, IN ANTE > *enante*, DE IN ANTE > *denante* > *delante* (disimilado).
PŎST 'después, detrás' > *pues* (adverbio).
CONTRA 'contra, opuesto' > *cuentra, escontra, encontra* (E.M.) > *contra*.

• *Las conjunciones*. Comienzan a adquirir los valores que luego se fijarán. Así, *cuando* tenía un amplio sentido causal 'puesto que'; *como* con valor final; *que* (< QUĬD) se cargaba de varios valores (anunciativo, restrictivo, causal, final, concesivo). *Que* en los primeros tiempos fue sustituto de numerosas construcciones que posteriormente fueron reemplazadas por esquemas subordinantes. Las conjunciones coordinantes latinas serán recibidas mayoritariamente por el español medieval: ET > *e/y*, AUT > O, PER HOC > *pero* 'sin embargo', mientras que las subordinantes tendrán desigual suerte: QUIA > *ca*, SI > *si*; sobre MĬNUS se forman *a menos que*, con DUM INTERIM > *domientre* y a partir de aquí un proceso fonético que llevó a *demientre* > *[de]mientre* > *mientras (que)*; QUŎMO > *cuemo/quemo/como*...

• *El orden sintáctico*. En la época de orígenes, tanto en los documentos históricos como en los literarios, el orden de los elementos en la frase recuerda las construcciones latinas. Sin embargo, con el paso del tiempo la estructura sintagmática va pareciéndose al español moderno; es decir, el regente precede al régimen. Aunque pueden encontrarse numerosos ejemplos de un esquema sintáctico diferente, el castellano va caracterizando su frase a través de la estructura SUJETO+VERBO+COMPLEMENTO, aunque la misma puede ser alterada por razones estilísticas, pragmáticas, propiamente sintácticas, etc. Los últimos tiempos medievales suponen un preludio de la influencia renacentista. Por eso la lengua literaria se llena de referencias latinas e italianas, en especial el plano léxico, aunque también alguna construcción sintáctica entra en esta época: el uso del *hipérbaton* (alteración del orden de la frase), empleo del participio de presente latino (*dubitante, pensante*) en vez de las oraciones de relativo, etc.

4.4. La conformación del léxico

El estudio del léxico medieval resulta de un gran interés por cuanto supone, en principio, la manifestación más palpable de la configuración de una lengua. Es a través del vocabulario heredado, innovado o asumido de otros idiomas donde la lengua refleja mayor número de matices, peculiaridades propias o coincidencias que la diferencian o la conectan con un sistema frente al otro. Como ya se ha señalado, además, en el caso del español medieval –tal y como ocurre con todos los períodos formativos de cualquier lengua– no hay que perder de vista la evolución fonético-morfológica y la incidencia que la misma tiene en la estructura del léxico general. No es extraño que sea el léxico el que mayor atención haya recibido por parte de los estudiosos de la historia de la lengua, tal y como se comprueba en los diccionarios antiguos, en los repertorios léxicos de los distintos documentos histórico-lingüísticos publicados hasta el presente (códices, fueros, leyes...), diccionarios históricos y de voces medievales, diccionarios de concordancias [especialmente editados por el *Hispanic Seminary of Medieval Studies* de Madison], diccionarios etimológicos [entre los que destacan la ingente labor de Corominas-Pascual (1980) o García de Diego (1985)], glosarios que aparecen en obras literarias, científicas, filosóficas, históricas...

Tres son los componentes fundamentales del vocabulario español: (a) las voces *procedentes del latín* (populares, semicultas y cultas); (b) las aportaciones de *otras lenguas* (helenismos, germanismos, mozarabismos, galicismos, occitanismos...), y (c) los *mecanismos propios* de formación de palabras desarrollados ya en el romance (afijación, derivación y composición).

En el vocabulario medieval –por todo lo dicho quizá el más estudiado y el que presenta mayores diferencias respecto al de otras épocas del idioma– hay numerosas palabras que luego han desaparecido del español moderno [*trobar, exir, inojo, rastar, remanir*...] y que pueden hallarse, sin embargo, en otras zonas románicas (francés: *tête, jambe, matin, prendre, trouver*, ant. *eissir, genou, rester*; italiano: *testa, gamba, mattino, prendere, trovare, uscire, ginocchio, restare*; catalán: *testa, cama, matí, pendre, trobar, eixir, genoll, romanir*). Desde el siglo XI y debido, entre otras causas, a la influencia del Camino de Santiago que mejora sus comunicaciones, comienzan a entrar en España numerosos franceses y provenzales. La primera consecuencia fue el ensanche del caudal léxico, que recibió masivamente los primeros galicismos y occitanismos: *homenaje, mensaje, deleyt, vergel, fraire > fraile, monje, deán, mesones, manjares, viandas.*

4.4.1. *Palabras populares, semicultas y cultas*

El léxico español es básicamente de origen latino, aunque no exclusivamente. En este sentido conviene tener en cuenta cuáles han sido las vías a través de las cuales nos ha llegado ese legado. Se distinguen tres tipos de palabras -*populares, semicultas* y *cultas*- que aunque su definición acarrea algunos problemas de orden histórico-lingüístico, sí son un buen referente para considerar aspectos relacionados con la antigüedad de tal o cual palabra, su estima social, su grado de imbricación en la lengua receptora, su posterior desarrollo, la influencia que ha ejercido un campo léxico próximo (analogía) y un buen número de aspectos pragmáticos, estilísticos o literarios que tiene que ver con la historia particular de cada vocablo. Veamos a continuación la definición más común de cada uno de estos tipos de palabras:

• *Palabras populares* (o también llamadas *patrimoniales*): son la base fundamental de una lengua. Se han transmitido por vía oral en un proceso ininterrumpido durante siglos de un idioma a otro (*latín > español*). En éstas se pueden comprobar los cambios fonéticos, morfológicos y semánticos propios de la evolución de cada lengua. Ejs.:

APĬCULA > [abígula] > [abég'la] > [abel̬a] > [ab̠éxa] = *abeja*
RIPARIA > [ribária] > [ribáira] > [ribéira] > [ribéra] = *ribera*
FABULĀRI > [fabulár] > [hab'lár] > [ablár] = *hablar*

En los tres casos se observan, por ejemplo, algunos fenómenos fonéticos de la evolución vulgar: sonorización de oclusivas sordas intervocálicas, caída de la vocal postónica, metátesis de la yod 4ª (RJ > JR), evolución F- > *h*.

• *Palabras semicultas*: este tipo de palabras está a camino entre las populares y las cultas. Bustos Tovar (1972: 7) en realidad señala que la distinción entre cultismo y semicultismo obedece a un mero grado formal de un mismo concepto. Normalmente han frenado su evolución, o ésta se ha corregido, debido a la influencia latinizante en algún período de la historia del español. Aquí pueden encontrarse tanto rasgos populares como el mantenimiento de elementos propiamente cultos. Ejs.:

REGŬLA > [reg'la] > [regla] = *regla* (luego también el popular *reja*)
SAECŬLU > [sieg'lo] > [siglo] = *siglo* (y no **sejo*)
REGNU > [reino] = *reino* (y no **reño*)

Los ejemplos seleccionados muestran la caída de la vocal postónica y la no palatalización de G'L > [ʎ]> /x/ o en el de GN > /n̬/ [si bien luego hay resultados populares en el caso de *reja*].

• *Palabras cultas*: son aquellas que muestran su significante prácticamente igual al que tenía la lengua prestataria (el latín). El conducto por el que han entrado ha sido el de la escritura manifestada a través de la lectura de los clásicos o las fuentes directas que han sido atendidas en diferentes períodos del idioma. Aquí no se aprecian cambios fónicos de interés (incluso se mantiene el acento latino clásico normalmente), salvo las adaptaciones, mínimas, a la estructura del castellano. Ejs.:

STRĬCTU > *estricto/estrecho* (pop.)
COAGULARE > *coagular*
FRĪGĬDU > *frígido* (aunque *frío*, pop.)

Las tres palabras han mantenido su acento clásico, los grupos consonánticos, las vocales pro- y postónicas. Sólo han perdidio la -E de los infinitivos (rasgo general del español) y la conversión -U > -*o* (aunque presente en otros cultismos del tipo TRIBU o ESPÍRITU).

Indudablemente, las voces populares han sido las más estudiadas dada la riqueza de fenómenos que las mismas ofrecen. Sin embargo, los cultismos –quizá por presentar una mayor fidelidad al modelo latino clásico o de incorporaciones que corresponden al llamado «bajo latín medieval»– han ocupado un segundo plano. En el estudio realizado por Bustos Tovar (1972 y luego 1974) sobre la contribución léxica del cultismo español, este autor distingue varios períodos con mayor o menor fuerza (en muchas ocasiones atendiendo a especiales circunstancias culturales de cada momento). Son la «época de orígenes», el «comienzo de la creación literaria», «hasta la época alfonsí», la «época alfonsí», «el siglo XIV», la «época humanística», «desde el Renacimiento hasta el siglo XVIII» y desde «el siglo XVIII hasta nuestros días» [a partir de este época, por ejemplo, comienzan a entrar de manera sistemática los *tecnicismos*, que es una variante específica del cultismo].

A veces se ha confundido el concepto de cultismo con el de *latinismo.* En este segundo caso, sólo se aplica a palabras o giros que no han sufrido modificación fonética ni morfemática alguna, como son los casos de MAXIMUM, MINIMUM, QUID, SINE QUA NON, VERBI GRATIA, AD HOC, SINE DIE, SUB IUDICE, CUM LAUDE, QUORUM, FORUM, CURRICULUM, etc. y que tienen, desde luego, un empleo más restringido y son, además, sentidas por la mayoría de los hablantes como voces no patrimoniales. Normalmente estas palabras aparecen entrecomilladas o destacadas tipográficamente para denotar su origen extranjero. No obstante, si algún latinismo se usa frecuentemente, éste puede llegar a adaptarse (aunque en ocasiones mostrando variedad de formas) a la estructura gramatical del español y emplearse con las características propias de la categoría en la cual se integra. (*Cfr.* los usos actuales de el *curriculum*/el *curriculo*/los *curriculos,* los *curriculum*/los *curricula* [plural neutro latino]).

En la consideración de todo este legado léxico, adquiere un gran relieve el aprecio social con el que muchas de estas voces han sido adaptadas a la lengua. Los cultismos clásicos, al igual que sucede con otros préstamos del español actual de procedencia francesa (= *galicismos*) o inglesa (= *anglicismos*), han venido a ocupar frecuentemente un vacío de significado en la lengua en la cual se integran y por tanto han establecido complejas relaciones sociolingüísticas. Generalmente, el cultismo se introduce a través de las clases altas o cultas de la sociedad de donde luego irradian hacia otras capas más populares. Por eso hay que distinguir el origen etimológico semiculto o culto de una palabra y el empleo que luego los hablantes hacen de la misma, que en muchos casos ya no tiene ninguna referencia cultista, salvo su origen.

En los primeros tiempos del idioma los cultismos son frecuentes en el terreno *religioso* (APŎSTŎLU > *apóstol*, MIRACULU > *miraglo/milagro*, VĬRGĬNE > *virgen*); *jurídico* (AUCTORITATE > *au(c)toridad*, IUDICIU > *ju(d)izio/juicio*) o *científico* (PRÓLOGOS (gr.) > *prólogo*, ECLIPSE < (gr. ÉKLEIPSIS) > *eclipse*, ORIENTE > *oriente*) [estos últimos especialmente a partir del siglo XIII con Alfonso X] y a medida que la creación literaria iba en aumento o la influencia de grandes acontecimientos culturales se ponían de moda (por ejemplo, el Renacimiento) también creció el caudal léxico de origen culto. Es destacable que numerosos cultismos de procedencia latina lo son en realidad del griego (= *helenismos*), pues el latín los tomó en los primeros tiempos del Cristianismo.

4.4.2. *Los dobletes*

Un aspecto que está muy relacionado con la evolución léxica en todas las lenguas románicas es el que tiene que ver con los resultados dobles o múltiples que dan ciertos étimos latinos. Es lo que se conoce como *dobletes*, que pueden ser *sencillos* –casi siempre resulta un cultismo y una palabra patrimonial– o *múltiples* (aparecen más de dos soluciones, algunas de ellas de carácter dialectal. También son llamados *tripletes*). Así se comprueba, por ejemplo, cuando una etimología ofrece evoluciones populares o cultas, que no siempre tienen por qué coincidir en la misma época. En muchos casos, es posible que el doblete culto haya sido incorporado con posterioridad a la evolución popular. Desde el punto de vista semántico, en los cultimos hay un mayor apego a la tradición latina, mientras que en las palabras populares se advierte una tendencia a lo particular o concreto de forma que sus matices semánticos son más específicos o restringidos (Gutiérrez, 1989: 11). Tanto en un caso como en otro, sin embargo, es destacable la acción fonética que se ha operado en cada palabra. Vemos, a continuación, algunos resultados:

DOBLETES SENCILLOS Y MÚLTIPLES EN ESPAÑOL

Étimo latino	*Vía culta*	*Vía popular*
APOTHECAM	*apoteca*	*botiga, botica, bodega*
ASCALONIA	*escalonia*	*escalona, escaloña*
CLAVICULAM	*clavícula*	*clavija, lavija*

FABŬLAM	*fábula*	*fabla, habla*
FABRICĀRE	*fabricar*	*fraguar, frogar*
FŬNDUM	*fundo*	*fondo, hondo*
GAUDIUM	*gaudio*	*godeo, gozo, goce*
PLICĀRE	*plegar*	*llegar, bregar*
RŎTŬLUM	*rótulo*	*rollo, ruejo, ruello, rolde*
SYMPHONIA	*sinfonía*	*zampoña, zanfona, zanfonía, zanfoña*

La historia de estas voces es, como se ve, de una importancia extraordinaria pues ampliaron el número de posibilidades léxicas y expresivas del español.

4.4.3. *Formación y derivación de palabras*

Menéndez Pidal (1980: 222) dice que los nombres nuevos del romance se formaron, o por *habilitación* de palabras de otra clase para ejercer funciones de nombre, o por *derivación*, añadiendo al radical de una palabra un sufijo o terminación nominal, o por *prefijación*, anteponiendo a una palabra un elemento que determina su significado, o por *composición*, juntando dos palabras en una para expresar una idea única. Los prefijos y sufijos se suman al llamado término *primario*; es decir, a la palabra base de la cual surge el nuevo elemento. La categoría gramatical y el componente semántico serán dos informaciones nuevas que aporta la palabra así creada.

En la evolución del latín al español, muchas palabras que tenían un *prefijo* dejaron de ser consideradas como elementos constitutivos por *prefijo+lexema* y fueron concebidas como una palabra simple. En otros casos, por el contrario, el prefijo fue sentido como un elemento complejo y tuvo así un comportamiento fonético-semántico diferenciado (*cfr.*, por ejemplo, los cruces entre APPREHENDERE/PREHENDERE). La prefijación, como dice Cano Aguilar (1988: 185), está en los límites de la composición de palabras, ya que muchas funcionan como elementos independientes (*bienaventurado* o *malparado* parecen más compuestas que derivadas). Además, así como los sufijos indican la clase gramatical del derivado, en los prefijos no ocurre así. Los prefijos son *átonos* y se distinguen entre (a) compuestos de un sólo prefijo [preposicionales y adverbiales]: *entrecejo, antepecho, intervalo, ultramar, sobretodo, anteportada, entretiempo, traspié*; y (b) de prefijo y sufijo a la vez [= *parasintéticos* 'fusión de varios elementos']: *trasnochador, pordio-*

sero, embolado. La prefijación más usual (Penny, 1993: 257-259) la encontramos a través de:

AD- > *a-*. Frecuente para formar verbos o adverbios: *agrupar, apaciguar, atormentar, agravar, aguisamiento, arriba, abajo, adelante, apri(e)ssa.*

DIS- > *des-*. Con cruces entre DE-, DE+EX- > *des-, -es: desconfiar, descoser, desdecir, desechar, deshacer, desmentir, desviar.*

ĬN- > *en-* (*em-* ante /p/ y /b/) *im-*. Se crean verbos a partir de nombres o adjetivos: *embarcar, emborrachar, empeñar, ensalzar, enjuagar, inmiscuir, innato, inspirar.*

EX- > *es-*: *escapar, escardar, escoger, extender.*

ĬNTER- > *entre-*: *entreabrir, entresacar, entrecruzar, interferir, interrumpir.*

TRANS- > *tras-*. Adquirió otros valores: *trasvolar, trasnochar, trastienda.*

SŬB- > *so-*: *sobarba, socavar, solapar, someter, soterrar.*

SŬPER- > *sobre-*: *sobrecama, sobremesa, sobrevivir, sobrecarga, sobremanera.*

RE- > *re-*. Ocasiona derivados cultos y populares. Así: *reanudar, reaparecer, rehacer, recámara, rebotica, rebuscar, recalentar, remoler.*

Otros prefijos que han entrado principalmente por vía culta en distintos períodos del idioma son PER- PRO- > *por;* PŎST- > *pos(t)-*; ANTE- > *ante-*; PRAE- > *pre-*; CONTRA- > *contra-*; EXTRA- > *extra-*; INTRA- > *intra-*; INFRA- > *infra-*; SŬPRA- > *supra;* CIRCUM- > *circun-* ~ *circum-*; ULTRA- > *ultra-*.

El mecanismo de *sufijación* fue el más frecuente en la formación de palabras nuevas. En su paso del latín al español muchos sufijos se perdieron (o no tenían tal carácter) y otros se mantuvieron. Al contrario que los prefijos, los sufijos heredados del latín llevan el *acento.* Algunos perviven con el mismo oficio que en latín: -MĔNTUM formaba sustantivos de tema verbal: ALIMENTUM > *alimento,* luego *valimiento, sentimiento, abastecimiento*; -OSUS > ANIMOSUS > *animoso,* FORMOSUS > *hermoso,* GLORIOSUS > *glorioso,* luego *tramposo, caballeroso, gracioso*; -TOR > ACCUSATOR > *acusador,* luego *salvador, calzador, destilador, mirador.* El diminutivo -ŬLUS fue reemplazado por -ĔLLUS. Por eso al lado de CATALUS se dijo CATĔLLUS > *cadiello* (ant.), ANULUS > ANĔLLUS > *anillo,* *CANNĔLLA > canilla, AL-

BELLUS > *albillo*, RĔTULA > *rodilla* (cabe pensar en todos en un paso *-iello* > *-illo*, tal y como ya se explicó). Otros sufijos podían confundirse por su parecido fónico, como ocurrió con -ŪGINE/-ĪGINE, -UDĬNE/-UMĬNE, -ORIU/-ARIU, -AX/-ACIUS, -IX/-ICIUS, -ANU/-ANE o -ĬNU/-ĬNE. La sufijación también dio resultados populares o cultos, estos últimos introducidos por la escritura a través del sufijo -ERO (popular)/ -ARIU > -ARIO (culto). Así, junto a *primero, somero, monedero* tenemos *monetario, imaginario, domiciliario, contestatario*, e incluso una procedencia gala a través de -ER o -EL (disimilado ante *r*): *mercader, bachiller, vergel, cuartel* (cfr. para más detalles, Menéndez Pidal, 1980: 222-242).

La formación de palabras a través de la composición está basada en la unión de dos o más lexemas que conforman una única unidad de significado, aunque no siempre de significante (no tienen por qué ir unidos). Además, la palabra compuesta lleva un solo acento y, si admite plural, éste aparece en el segundo elemento del compuesto. No obstante, en palabras no fusionadas del todo, es posible que ambos términos se pluralicen (*hijosdalgos, ricoshombres*) y que aparezca un acento débil o secundario en el primer elemento. Aunque algunos compuestos provienen del propio latín (AQUAEDŬCTU > *aguaducho*, PĔDIS ŬNGŬLA > *pezuña*, PINUSPŬLLUS > *pimpollo*, MUSARANEUS > *musaraña*, VINU ACRE > *vinagre*, AQUAMANUS > *aguamanos*), la creación léxica adquiere mayor riqueza en el propio romance. Siguiendo a Menéndez Pidal (1980: 238-242) podemos distinguir tres clases de compuestos:

1. Por *yuxtaposición*. Es la unión de varias palabras que acaban fusionándose según las reglas sintácticas normales de la lengua. Las más frecuentes son combinaciones del tipo: adj.+sust. (*bajamar, mediodía*), sust.+sust. (*agricultura, condestable*), adj.+adj. (*sordomudo, claroscuro*), verbo+sust. (*matamoros, saltamontes*), verbo+adv. (*catalejo, bogavante*) verbo+vocativo (*andaniño, tentemozo*), verbo+verbo (*duermevela, quitaipón*).

2. Por *elipsis*. La suma de dos términos va más allá de lo expresado en los lexemas combinados. En el resultado de la fusión hay que sobreentender una relación conceptual más amplia, a veces, de lo estrictamente lingüístico. Normalmente la vocal /i/ aparece como elemento de unión en el final del primer elemento. Por ejemplo, *boquirrasgado* 'que tiene la boca rasgada', *patitieso, rojiblanco, machiembrado, aguanieve, ajiaceite, carricoche*.

3. Por *parasíntesis*. Son pocos los casos y no tiene por qué exis-

tir un sustantivo previamente: **cadaño, casquimuleño* 'caballo con casco pequeño como las mulas', *capigorrón* 'maleante que anda en el traje estudiantil de capa y gorra', *mampostería* 'labor de piedras mampuestas'.

4.5. La creación de una «norma» literario-lingüística

A lo largo del siglo XV la lengua va despojándose de todas las vacilaciones propias de las centurias anteriores, aunque todavía algunas continuarán hasta los siglos de Oro. En lo que se refiere a la alternancia *-t/-d*, por ejemplo, ésta se resuelve a favor de la *-d* (*verdad, antigüedad, voluntad...*); la *h-* (< f-) se va generalizando –si bien pueden encontrarse en la literatura casos de f– (según Lapesa (1981: 280) «[la *h*] se impone por completo entre 1500 y 1520; en Castilla la Vieja esta *h* no se aspiraba ya»). Aún persisten vacilaciones vocálicas del tipo *sofrir, deferir, joventud, mochacho, cevil* que llegarán al XVI y XVII, según constata Juan de Valdés en su *Diálogo de la lengua* (siglo XVI). En las conjunciones copulativas se prefiere *y* (no *et*) o su variante *e*; así como *no* (frente al antiguo *non*). También los grupos consonánticos cultos se simplifican, de tal manera que ahora se escribirá *eceder* (exceder), *perfeto* (perfecto), *dino* (digno), *seta* (secta), reducción que se aprecia en numerosos textos literarios y documentos no literarios de variada procedencia. Por su parte, la anteposición del *artículo+posesivo* va siendo cada vez más extraña (*la tu* torre, *la tu* rabiosa ansia), pues lo normal es la resolución posesivo+sustantivo (*mi* gloria, *mi* suavísimo amor...). Perduraban formas antiguas como *ell alma, all espada,* al lado de *el alma, el espada* y *la espada*; *só, vo, estó,* junto a *soy, voy, estoy*; *imos, ides,* alternando con *vamos, vais*; y *fue, fuemos, fuestes, sei* (imperativo de *ser*), *seído, veyendo,* con *fui, fuimos, fuistes, sé, sido, viendo,* etc. (Lapesa, 1981: 281).

Desde la época de orígenes hasta el final del período medieval se puede decir que el castellano ya ha completado un largo proceso formativo que, sin embargo, todavía tendrá que resolver en los siglos venideros, especialmente en el terreno fonético-morfológico. En este lento devenir, la lengua se ha convertido en el vehículo de comunicación más importante para los castellanos, a medida que crecía su poder político y social, de tal manera que al proceso interno que el idioma experimenta hay que sumarle el externo, en tanto en cuanto el castellano convive en otros territorios de hablas diferentes y, desde comienzos del siglo XV, hará su definitiva expansión hacia las aguas del Atlántico, con la conquista de Canarias (desde 1402) y América (desde 1492).

Durante siglos la lengua se ha ido acomodando a las necesidades expresivas de los hablantes, ha tenido que ensanchar su acervo léxico para dar cabida a nuevas realidades, ha tomado préstamos de otras lenguas y, sobre todo, ha olvidado el latín como fuente de comunicación oral y escrita. Por eso en el desarrollo simultáneo de todos estos elementos comienza a fijarse también la norma literaria –el uso que hacen los escritores del castellano– a la vez que la lingüística, sin duda ésta amparada en gran medida por la primera. Ya se ha mencionado que a partir del siglo XIII el castellano es la lengua oficial de la corte alfonsí y que el mismo se utiliza en todos los textos normativos y jurídicos. Motivos sociales y políticos ayudaron también a que una lengua se convirtiera en el medio habitual para entenderse una variada gama de gentes de distintas procedencias: castellanos, árabes, mozárabes, judíos, franceses, leoneses, catalanes, vascos, gallegos...

Cuando todos estos factores empezaron a tener relevancia social, surgió, como consecuencia, la importancia del castellano como lengua de cultura. Ahora éste comenzaba a tener una literatura importante en la épica, en los romances, en la prosa histórica, en los tratados morales, filosóficos y religiosos, amén de en las obras propiamente científicas (libros de medicina, botánica, zoología, astrología...), en las traducciones, en los escritos de carácter didáctico (tan importantes en los ss. XIV y XV), en las crónicas, en las biografías de héroes legendarios tanto medievales como clásicos, así como en las crónicas de reinados, etc. En definitiva, el castellano constituye un modelo literario e idiomático que llega hasta nuestros días.

4.6. EL NOMBRE DE LA LENGUA: *¿CASTELLANO O ESPAÑOL?*

Y casi al final de este libro surge el tema de la denominación de la lengua: *¿castellano* o *español*? La cuestión del nombre de la lengua ha sido en ocasiones un asunto controvertido, dadas la implicaciones lingüísticas, ideológicas o sociológicas, pues estos nombres suponen, en palabras de Amado Alonso (1968: 107), la «historia espiritual o los anhelos de quienes prefiren uno u otro nombre». Sea como fuere, hoy en día la denominación de la lengua no parece revestir mayor importancia, al menos entre los lingüistas. En la práctica se utilizan como sinónimos que designan la lengua nacional de la España moderna y de las diecinueve repúblicas americanas (Penny, 1993: 26).

Español –de etimología provenzal– se utiliza para referirse a la lengua general de España que es hablada por millones de hablantes fuera de las fronteras administrativas españolas y que, además, es la lengua también «oficial» de casi todos los países de Hispanoamérica. Tal es así, que se habla de un «español de América» conformado, a su vez, por un español de México, Venezuela, Argentina, Chile... *Español* vendría a significar el «diasistema» general de toda la lengua, válido como denominación internacional, utilizado en la enseñanza y aprendizaje del «español como lengua extranjera» y rico en matices a través de su literatura «española (e Hispanoamericana)».

Castellano ha quedado, en buena medida en la actualidad, restringido a la vertiente histórica del nombre de la lengua. Por supuesto, hace referencia al origen de la misma ('habla propia de Castilla y de los castellanos'), si bien esto no siempre ha sido así a lo largo de la historia de estos nombres. *Castellano* es un término menos amplio que *español*, en tanto en cuanto presupone la adopción de unos rasgos lingüísticos propios de una modalidad –ciertamente con una importancia histórica decisiva– diferenciada de otras regiones peninsulares. La bibliografía que se cita en este libro (y el propio tratamiento que se le ha dado) es una muestra clara de la frecuencia con la que se mezclan ambas denominaciones. En general todos los manuales sobre historia del español coinciden en utilizar el adjetivo «español», si bien luego en sus índices aparecen frecuentemente «castellano medieval», «idioma castellano», «romance hispánico», etc.

En el lado de la «oficialidad» del idioma, conviene prestar atención a lo que señalan textos como la *Constitución* de (1978) que en su art. 3.1 dice que «El castellano es la lengua española oficial del Estado. Todos los españoles tienen el deber de conocerla y el derecho a usarla», mientras que la Real Academia Española utiliza «Lengua española» para el esbozo de su gramática. Y esta misma institución a través del DRAE (1992) ofrece tres definiciones de CASTELLANO (*s.v.*): **6**. m. Español, lengua española. ‖ **7**. Dialecto románico nacido en Castilla la Vieja, del que tuvo su origen la lengua española. ‖ **8**. Variedad de la lengua española hablada modernamente en Castilla la Vieja.

En lo que se refiere a español, la definición no puede ser más escueta ESPAÑOL (*s.v.*): || **5**. Lengua española.

Como se ve, tales denominaciones se cruzan en el uso actual, aunque parece, como decíamos, preferirse *español* para hablar de la lengua general de todo el mundo hispánico, mientras que *castellano* se circunscribe a las definiciones 7ª y 8ª del DRAE (1992). También el término *castellano* se ha empleado para hacer alusión a un modelo «correcto» de habla, con un sentido más «purista» del idioma, quizá continuando la vieja tradición de asignar el «buen hablar» o «hablar correctamente» al castellano central. Una cita de M. Alvar (1991: 85-86) conecta perfectamente, creo, con lo que es la auténtica realidad de estos dos términos y es que cada uno los utiliza dependiendo de la perspectiva en la que se sitúe:

> *Castellano* no es arcaísmo, porque se ha utilizado siempre y se sigue utilizando en la propia España por escritores que no son de Castilla; lo que sí es verdad es que muchos españoles de otras regiones prefieren el neologismo *español* porque en él se hallan cobijados y en el otro no. Se dirá que son razones afectivas, cierto; pero contra ellas no hay argumentos: la razón está allí donde el hablante quiere encontrarse: unos se identifican con *castellano*, otros con *español*, otros con ambas designaciones de su lengua.

La historia de estas palabras está plagada de referencias y citas de diferentes autores que han preferido una u otra voz por diversos motivos. Desde la Edad Media (siglos XIII y XIV) los términos comienzan a aparecer junto con otras denominaciones del tipo *lenguaje castellano, castellana lengua, castellano romance/romance castellano, castellano, hablar castellano, idioma castellano.* Desde el XV *castellano* fue preferido por los gramáticos (Nebrija, 1492: *Gramática de la lengua castellana*) e indudablemente estaba cargado de significaciones políticas, demográficas, geográficas o lingüísticas en colisión con otras denominaciones que, a su vez, representaban otros intereses: leonés, aragonés, gallego, catalán... A partir del Renacimiento, con el comienzo de la conciencia nacional y el reconocimiento de las lenguas vulgares, se hacía necesario una referencia genérica (nacional) para la lengua y se comenzó entonces a emplear *español* 'lengua de los españoles' opuesto a otra lengua y en sintonía con *castellano.* La situación en América es también compleja: aquí desde un principio se prefirió *castellano* –que conectaba con la procedencia, real o no, de los conquistadores (muchos se consideraron castellanos sin serlo)–, si bien hoy alterna con *español*, especialmente en México o Puerto Rico. (*Cfr.* para más detalles, Alonso, 1968; Alvar, 1991).

EJERCICIOS

1. Describa la situación lingüística de la Península Ibérica en la etapa prerromana.

2. ¿Puede señalar algunas de las ventajas e inconvenientes de las explicaciones *sustratísticas*?

3. ¿Qué rasgos se han atribuido al sustrato vasco?

4. Principales elementos que deben ser tenidos en cuenta en el proceso de *romanización* de la Península Ibérica.

5. ¿Cómo se explica la diferencia de léxico en las siguientes lenguas a raíz de los resultados del tipo: *mesa* (port. y esp.) y *masă* (rum.), frente a *taula* (cat.), *table* (fr.) y *tavola* (it.)?

6. Señale a grandes rasgos la importancia del componente árabe en la lengua y la cultura españolas.

7. ¿A través de qué fuentes es posible estudiar el llamado *latín vulgar*?

8. ¿Cuáles eran las principales modalidades lingüísticas que coexistían con el primitivo romance castellano?

9. Indique algunos rasgos lingüísticos que estaban en plena evolución en la época en orígenes en el castellano antiguo.

10. ¿Cómo destacaría la aportación de Alfonso X el Sabio a la lengua y la cultura de la España del siglo XIII y posteriormente?

11. Coloque el acento latino clásico en las siguientes palabras y señale su posterior resultado español:

RESONĀRE, SPĪCAM, OPERAM, TRADITIONEM, PLUVIAM, PLAGAM, NŎVEM, CAPĬLLUM, FĪCUM, PŬGNUM, SĬGNA, AURUM, CAUSAM, ACUCŬLAM, ALĬUM, FŎLIA, CONSĬLIUM, SĔPTEM, CĬLIA, FERRARIUM.

12. ¿Qué diferencia una palabra *popular* de una *culta*?

13. Distinga entre las palabras siguientes cuáles son cultismos y cuáles latinismos:

ARIETE, A PRIORI, MUSA, CURIA, ALTER EGO, PLEBE, EX VOTO, IN MEMORIAM, SÁTIRA, IN VITRO, IPSO FACTO, TOGA, TÚNICA, MUTATIS MUTANDIS, VIGILIA, GROSSO MODO, VICE VERSA, INFANTE, CARPE DIEM, CENTURIA, PERSONA NON GRATA

SOLUCIONES A LOS EJERCICIOS

1. En cualquier exposición sobre este aspecto, debería empezarse por hacer hincapié en la complejidad del período analizado, especialmente por la carencia de datos del mismo. Este desconocimiento atañe tanto a la realidad social como lingüística de los pueblos que habitaron la Península Ibérica antes de la llegada de los romanos. Puede hablarse, no obstante, de los pueblos asentados en la franja costera mediterránea, de los de la zona centro o los de la cordillera cantabropirenaica. De todos estos hay que resaltar la importancia del *vasco,* pues es la única lengua que ha pervivido hasta la actualidad.

2. Las explicaciones de tipo sustratístico han contado con algunas ventajas. Entre ellas cabría descatar que mediante las mismas es posible detectar el origen de algún fenómeno fonético, gramatical o léxico, siempre en consonancia con la distribución geográfico-social del pueblo causante de la influencia sustratística. Generalmente, estas explicaciones han servido como referente para no pocas discusiones entre los lingüistas, circunstancia que ha propiciado, también, la comparación entre las lenguas. En el lado de los inconvenientes, la mayor dificultad radica en el desconocimiento de la lengua motivo del sustrato, en la no siempre coincidencia entre el territorio donde se supone que debió hablarse la lengua sustratística y la posterior evolución de la lengua, así como el largo período transcurrido desde el origen de un fenómeno en la lengua oral y su constatación en la lengua escrita.

3. Fundamentalmente el paso /f-/ > [h], la igualación /b/-/v/ > /b/ y la reducción a cinco vocales /a, e, i, o, u/ con tres grados de abertura.

4. Algunos de los aspectos más sobresalientes son: la antigüedad de la romanización (año -218), las comunicaciones con Roma (centro del Imperio), el nivel social y cultural de los colonos, los diferentes niveles del latín hablado, el carácter oficial del idioma, el sustrato de las lenguas nativas, o la importancia de la escuela y de la acción militar.

5. *Mesa* y *masă* son dos términos antiguos dentro del propio latín que fueron llevados a los extremos del Imperio (Hispania y Dacia) en una etapa anterior al llamado latín clásico. Algunos estudiosos los consideran arcaísmos léxicos dentro del propio latín. Las innovaciones léxicas que se dieron en Roma llegaron con mayor rapidez a las regiones más próximas como las zonas del catalán (*taula*), francés (*table*) e italiano (*tavola*).

6. Durante casi ocho siglos de presencia árabe, la importancia de estos pueblos en la Península es capital si se quiere comprender su reflejo en la estructura social, comercial, artística y económica de numerosas regiones. Desde el punto de vista lingüístico, sin embargo, su influencia es menor, aunque muy destacada, no obstante, en el terreno del léxico y en particular en la toponimia, donde se encuentran abundantes ejemplos de sus huellas. En la morfología se señala la anteposición del atículo *al-* a numerosas palabras (algunas incluso de origen latino), así como la derivación de gentilicios a través del sufijo *-í*, o algunos cruces semánticos en ciertas palabras.

7. El latín vulgar se puede estudiar a través de una variada gama de fuentes. Uno de los tesoros más importantes es el *Appendix Probi*, al que le sigue en importancia quizá la comparación entre las lenguas románicas (y los estadios supuestos en épocas anteriores), así como todo un conjunto de pequeños y grandes textos en los que se hace alusión directa o indirectamente a la manera en que se hablaba latín en las diferentes épocas: obras literarias, comentarios de gramáticos, glosarios latino-vulgares, inscripciones de diversa índole, los primeros textos cristianos, testamentos, contratos, diplomas...

8. En los orígenes del castellano coexistían otras variedades que han corrido desigual suerte a lo largo de su historia: el gallego-portugués, el asturleonés, navarro-aragonés, euskera, riojano, catalán, mozárabe y árabe.

9. Puede decirse que estaban en diferentes períodos de desarrollo los siguientes grupos: f- > h; distintos grados de evolución en el orden palatal (especialmente en los grupos KL-, PL-, FL-); diptongación no generalizada de /ǫ/ y /ę/; reducción consonántica, por ejemplo, del grupo -MB- > -m-, monoptongación de AI > *ei* > *e* y de AU > *ou* > *o*.

10. La labor de Alfonso X el Sabio fue definitiva para la constitución de una norma lingüística y literaria en el castellano medieval. Al margen de su interés por la traducción y por conservar buena parte del legado clásico, el Rey fijó la ortografía castellana (el «sistema alfonsí»), dio sentido a numerosos términos en el terreno de la lexicografía y la semántica, y sentó las bases de la prosa castellana medieval...

11. Las palabras propuestas llevan el acento latino clásico en la vocal que aparece en negrita:

RESON**Ā**R(E) > *resonar* (cult.)
SP**Ī**CA > *espiga*. Prótesis de s- y sonorización de -k- > -g-.
OPERA > *ópera* (cult.) / *obra* (pop.). Sonorización de -p- > -b- y caída de postónica.
TRADITI**O**N(E) > *tradición*. Yod 1ª tj > θ.
PL**U**VIA > *lluvia*. Palatalización de PL- > /λ/.
PL**A**GA > *llaga*. Palatalización de PL- > /λ/.

NŎVE > *nueve.* Diptongación de /ǫ/ > ue.
CAPĬLLU > *cabello.* Sonorización de -p- > -b-; ĭ > e; palatalización de l.l > /ʎ/
FĪCU > *higo.* F-> h; sonorización de -k- > -g-.
PŬGNU > *puño.* Inflexión de ŭ por yod 2ª -gn-; palatalización de -gn- > /n̮/.
SĬGNA > *seña.* ĭ breve tónica > e; palatalización de -gn- > /n̮/.
AURU > *oro.* Monoptongación de au > o.
CAUSA > *cosa.* Monoptongación de au > o.
ACUCŬLA > *aguja.* Sonorización de -k- > -g-; caída de postónica /u/; yod 2ª -k'l- > /x/.
ALIU > *ajo.* Yod 2ª -lj- > /x/.
FŎLIA > *hoja.* Inflexión de /ŏ/ breve por efeco de la yod 2ª -lj- > /x/.
CONSĬLIU > *consejo.* Yod 2ª -lj- > /x/.
SĔPTE > *siete.* Diptongación de /ĕ/ breve; simplificación del grupo culto -pt- > -t-.
CĬLIA > *ceja.* ĭ breve tónica > e; -lj- > /x/.
FERRARIU > *herrero.* F- > h; yod 4ª con metátesis: *-ariu* > *-airo* > *-eiro* > *-ero.*

12. Una palabra *popular* (o patrimonial) es la que ha entrado en el idioma mediante un largo proceso a través del cual, en la mayoría de las ocasiones, es posible advertir los rasgos fonético-fonológicos más destacables de la evolución de la lengua latina a la española. Su vía de introducción ha sido, normalmente, la lengua oral. Una palabra *culta,* por el contrario, mantiene una fidelidad casi absoluta con el modelo latino, salvo ligeras adaptaciones a la estructura de la lengua que la recibe y se ha incorporado al idioma a través de los textos eruditos.

13. Cultismos son: ARIETE, MUSA, CURIA, PLEBE, SÁTIRA, TOGA, TÚNICA, VIGILIA, INFANTE, CENTURIA. Latinismos son: A PRIORI, ALTER EGO, EX VOTO, IN MEMORIAM, IN VITRO, IPSO FACTO, MUTATIS MUTANDIS, GROSSO MODO, VICE VERSA, CARPE DIEM, PERSONA NON GRATA.

BIBLIOGRAFÍA

ALONSO, Amado (1968[4]): *Castellano, español, idioma nacional*, Losada, Buenos Aires.

ALARCOS LLORACH, Emilio (1971[4]): «Fonología diacrónica del español», en su *Fonología española*, Gredos, Madrid, págs. 208-281.

ALVAR, Manuel y Bernard POTTIER (1983): *Morfología histórica del español*, Gredos, Madrid.

ALVAR, Manuel (1991): «Para la historia del *castellano*», págs. 79-93, y «Español», págs. 95-116, ambos en su *El español de las dos orillas*, Mapfre, Madrid.

ALVAR EZQUERRA, Antonio (1983): «Para una sociolingüística del latín», en *Philologica Hispaniensia in Honorem Manuel Alvar*, t. I, *Dialectología*, Gredos, Madrid, págs. 57-68.

ÁLVAREZ MARTÍNEZ, Mª Ángeles (1986): *El artículo como entidad funcional en el español de hoy*, Gredos, Madrid.

ANDRÉS-SUÁREZ, Irene (1994): *El verbo español. Sistemas medievales y sistema clásico*, Gredos, Madrid.

ARIZA, Manuel (1990): *Manual de fonología histórica del español*, Síntesis, Madrid.

ARIZA, Manuel (1994): *Sobre fonética histórica del español*, Arco/Libros, Madrid.

BUSTOS TOVAR, José Jesús de (1972): *Contribución al estudio del cultismo español*, Tesis doctoral, Facultad de Filosofía y Letras, Universidad de Madrid, Madrid.

BUSTOS TOVAR, José Jesús de (1974): *Contribución al estudio del cultismo léxico medieval*, Anejo XXVIII del *Boletín de la Real Academia Española*, Madrid.

CANO AGUILAR, Rafael (1988): *El español a través de los tiempos*, Arco/Libros, Madrid.

COROMINAS, J. y J. A. PASCUAL (1980): *Diccionario crítico etimológico castellano e hispánico*, Gredos, Madrid, 6 vols.

CORRIENTE, Federico (1997): *Poesía dialectal árabe y romance en Alandalús*, Gredos, Madrid.

EBERENZ, Rolf (1991): «*Castellano antiguo y español moderno*: reflexiones sobre la periodización en la historia de la lengua», *Revista de Filología Española*, LXXI, págs. 79-106.

FRADEJAS RUEDA, José Manuel (1997): *Fonología histórica del español*, Visor Libros, Madrid.

FRAGO GRACIA, Juan A. (1983): «El reajuste fonológico del español moderno en su preciso contexto histórico: Sobre la evolución /š, ž/ > /χ/», en *Serta Philologica F. Lázaro Carreter*, t. I, Cátedra, Madrid, págs. 219-230.

FRAGO GRACIA, Juan A. (1985): «De los fonemas medievales /ŝ, ẑ/ al interdental fricativo /θ/ del español moderno», en *Philologica Hispaniensia in Honorem Manuel Alvar,* t. II, *Lingüística,* Gredos, Madrid, págs. 205-216.
GALMÉS DE FUENTES, Álvaro (1983): *Dialectología mozárabe,* Gredos, Madrid.
GARCÍA DE DIEGO, Vicente (1950): «El castellano como complejo dialectal y sus dialectos internos», *Revista de Filología Española,* XXXIV, págs. 107-124.
GARCÍA DE DIEGO, Vicente (1970[3]): *Gramática histórica española,* Gredos, Madrid, ed. corregida.
GARCÍA DE DIEGO, Vicente (1985): *Diccionario etimológico español e hispánico,* Espasa-Calpe, Madrid.
GONZÁLEZ OLLÉ, F. (1987): «Nuevos datos sobre la primacía lingüística toledana», *Revista de Filología Española,* LXVII, págs. 123-126.
GONZÁLEZ OLLÉ, F. (1988a): «Aspectos de la norma lingüística toledana», en M. ARIZA, A. SALVADOR y A. VIUDAS (eds.), *Actas del I Congreso Internacional de Historia de la Lengua Española,* Arco/Libros, Madrid, t. I, págs. 859-871.
GONZÁLEZ OLLÉ, F. (1988b): «Un informe de 1576 sobre el habla de Toledo y su aplicación como modelo idiomático», en *Homenaje a Eugenio Asensio,* Gredos, Madrid, págs. 215-223.
GUTIÉRREZ, Belén (1989): *Estudio histórico-semántico de los dobletes múltiples en español moderno,* Universidad de Granada, Col. Filológica XXXIII, Granada.
LAPESA, Rafael (1964): «Los casos latinos: restos sintácticos y sustitutos en español», *Boletín de la Real Academia Española,* XLIV, págs. 57-105
LAPESA, Rafael (1970): «Personas gramaticales y tratamientos en español», *Revista de la Universidad de Madrid,* 74, págs. 141-167.
LAPESA, Rafael (1981[9]): *Historia de la Lengua española,* Gredos, Madrid.
LLEAL, Coloma (1990): *La formación de las lenguas romances peninsulares,* Barcanova, Barcelona.
LLOYD, Paul M. (1993): *Del latín al español,* Gredos, Madrid.
MEDINA LÓPEZ, Javier (1997): *Lenguas en contacto,* «Cuadernos de Lengua Española», Arco/Libros, Madrid.
MENÉNDEZ PIDAL, Ramón (1919): *Documentos lingüísticos de España, I. Reino de Castilla,* Centro de Estudios Históricos, Madrid.
MENÉNDEZ PIDAL, Ramón (1950a): «Modo de obrar el substrato lingüístico», *Revista de Filología Española,* XXXIV, págs. 1-8.
MENÉNDEZ PIDAL, Ramón (1950b[3]): *Orígenes del español. Estado lingüístico de la Península Ibérica hasta el siglo XI,* Anejo I de la *Revista de Filología Española,* Madrid.
MENÉNDEZ PIDAL, Ramón (1980[16]): *Manual de gramática histórica española,* Espasa-Calpe, Madrid, ed. muy corregida y adicionada.
PENNY, Ralph (1993): *Gramática histórica del español,* Ariel, Barcelona.
SIGUÁN, Miquel: *Bilingüismo y lenguas en contaco,* Alianza Ensayo, Madrid.
TOVAR, Antonio (1968): *Lo que sabemos de la lucha de lenguas en la Península Ibérica,* Gregorio del Toro, Madrid.
URRUTIA CÁRDENAS, Hernán y Manuela ÁLVAREZ ÁLVAREZ (1988[2]): *Esquema de morfosintaxis histórica del español,* Universidad de Deusto, Bilbao.
VÄÄNÄNEN, Veikko (1968): *Introducción al latín vulgar,* Gredos, Madrid.
WRIGHT, Roger (1989): *Latín tardío y romance temprano,* Gredos, Madrid.

CUADERNOS DE

Lengua Española

Dirección: L. Gómez Torrego

TÍTULOS PUBLICADOS:

1. [A] GÓMEZ TORREGO, L.: *Valores gramaticales de "SE"* (4.ª ed.).
2. [B] PORTO DAPENA, J.-A.: *Complementos argumentales del verbo: directo, indirecto, suplemento y agente* (3.ª ed.).
3. [C] GÓMEZ TORREGO, L.: *La impersonalidad gramatical: descripción y norma* (3.ª ed.).
4. [D] ÁLVAREZ MARTÍNEZ, M.ª A.: *El adverbio* (3.ª ed.).
5. [E] ÁLVAREZ, Miriam: *Tipos de escrito I: Narración y descripción* (5.ª ed.).
6. [F] PORTO DAPENA, J.-A.: *El complemento circunstancial* (3.ª ed.).
7. [G] GONZÁLEZ CALVO, J. M.: *La oración simple* (3.ª ed.).
8. [H] ALVAR EZQUERRA, M.: *La formación de palabras en español* (4.ª ed.).
9. [I] ROMERO GUALDA, M.ª V.: *El español en los medios de comunicación* (4.ª ed.).
10. [J] REYES, Graciela: *Los procedimientos de cita: estilo directo y estilo indirecto* (3.ª ed.).
11. [K] FERRAZ MARTÍNEZ, A.: *El lenguaje de la publicidad* (5.ª ed.).
12. [L] MARTÍNEZ, J. A.: *La oración compuesta y compleja* (3.ª ed.).
13. [M] CASADO VELARDE, M.: *Introducción a la gramática del texto del español* (4.ª ed.).
14. [N] REYZÁBAL, M.ª V.: *La lírica: técnicas de comprensión y expresión* (2.ª ed.).
15. [Ñ] ÁLVAREZ, Miriam: *Tipos de escrito II: Exposición y argumentación* (5.ª ed.).
16. [O] REYES, Graciela: *Los procedimientos de cita: citas encubiertas y ecos* (2.ª ed.).
17. [P] BOSQUE, Ignacio: *Repaso de sintaxis tradicional: Ejercicios de autocomprobación* (4.ª ed.).
18. [Q] GUTIÉRREZ ORDÓÑEZ, S.: *Estructuras comparativas* (2.ª ed.).
19. [R] GUTIÉRREZ ORDÓÑEZ, S.: *Estructuras pseudocomparativas* (2.ª ed.).
20. [S] GARCÍA MOUTON, P.: *Lenguas y dialectos de España* (4.ª ed.).
21. [T] ARIZA, Manuel: *Comentarios de textos dialectales* (2.ª ed.).
22. [U] ÁLVAREZ, Miriam: *Tipos de escrito III: Epistolar, administrativo y jurídico* (3.ª ed.).
23. [V] REYES, Graciela: *El abecé de la Pragmática* (4.ª ed.).
24. [W] GUTIÉRREZ ARAUS, M.ª Luz: *Formas temporales del pasado en indicativo* (2.ª ed.).
25. [X] ÁLVAREZ, A. I.: *Las construcciones consecutivas* (2.ª ed.).
26. [Y] ESCANDELL VIDAL, M.ª Victoria: *Los complementos del nombre* (2.ª ed.).
27. [Z] GUERRERO RAMOS, G.: *Neologismos en el español actual* (2.ª ed.).
28. (a) VAQUERO DE RAMÍREZ, M.: *El español de América I. Pronunciación* (3.ª ed.).
29. (b) VAQUERO DE RAMÍREZ, M.: *El español de América II. Morfosintaxis y léxico* (3.ª ed.).
30. (c) FUENTES, Catalina: *La sintaxis de los relacionantes supraoracionales* (2.ª ed.).
31. (d) FUENTES, Catalina: *Ejercicios de sintaxis supraoracional* (2.ª ed.).
32. (e) MARTÍNEZ, Hortensia: *Construcciones temporales* (2.ª ed.).
33. (f) GARCÍA BARRIENTOS, J. L.: *La comunicación literaria. El lenguaje literario 1* (2.ª ed.).

34. (g) JUANATEY, L.: *Aproximación a los textos narrativos en el aula (I)* (2.ª ed.).

35. (h) GÓMEZ TORREGO, L.: *Ejercicios de Gramática Normativa* (I) (3.ª ed.).

36. (i) GÓMEZ TORREGO, L.: *Ejercicios de Gramática Normativa* (II) (3.ª ed.).

37. (j) GARCÍA, Serafina: *Las expresiones causales y finales* (2.ª ed.).

38. (k) BRIZ, Antonio: *El español coloquial: situación y uso* (2.ª ed.).

39. (l) LÓPEZ EIRE, A.: *Retórica clásica y teoría literaria moderna.*

40. (m) CORTÉS, L. y BAÑÓN, A.-M.: *Comentario lingüístico de textos orales. I. Teoría y práctica. (La tertulia)* (2.ª ed.).

41. (n) ÁLVAREZ, Miriam: *Tipos de escrito IV: Escritos comerciales* (2.ª ed.).

42. (ñ) CORTÉS, L. y BAÑÓN, A.-M.: *Comentario lingüístico de textos orales. II. El debate y la entrevista.*

43. (o) QUILIS, A.: *Principios de fonología y fonética españolas* (4.ª ed.).

44. (p) PORTO DAPENA, J.-A.: *Oraciones de relativo.*

45. (q) PORTO DAPENA, J.-A.: *Relativos e interrogativos.*

46. (r) GUTIÉRREZ ORDÓÑEZ, S.: *Temas, remas, focos, tópicos y comentarios* (2.ª ed.).

47. (s) MEDINA LÓPEZ, J.: *Lenguas en contacto* (2.ª ed.).

48. (t) CARRICABURO, N.: *Las fórmulas de tratamiento en el español actual.*

49. (u) BAJO PÉREZ, E.: *La derivación nominal en español.*

50. (v) LÓPEZ EIRE, A.: *La retórica en la publicidad.*

51. (w) MEDINA LÓPEZ, J.: *El anglicismo en el español actual.*

52. (x) JUANATEY, L.: *Aproximación a los textos narrativos en el aula (II). Práctica del comentario y aprendizaje lingüístico.*

53. (y) MALDONADO GONZÁLEZ, C.: *El uso del diccionario en el aula.*

54. (z) GARCÍA FERNÁNDEZ, L.: *El aspecto gramatical en la conjugación.*

55. [A] ANULA REBOLLO, A.: *El abecé de la psicolingüística* (2.ª ed.).

56. [B] GARCÍA BARRIENTOS, J. L.: *Las figuras retóricas. El lenguaje literario 2.*

57. [C] MORIMOTO, Y.: *El aspecto léxico: delimitación.*

58. [D] FUENTES, Catalina: *Las construcciones adversativas.*

59. [E] MEILÁN GARCÍA, A. J.: *Construcciones locativas y cuantitativas.*

60. [F] LEONETTI, M.: *Los determinantes.*

61. [G] FUENTES RODRÍGUEZ, C.: *La organización informativa del texto.*

62. [H] JIMÉNEZ FERNÁNDEZ, R.: *El andaluz.*

63. [I] FERNÁNDEZ LAGUNILLA, M.: *La lengua en la comunicación política I: El discurso del poder.*

64. [J] FERNÁNDEZ LAGUNILLA, M.: *La lengua en la comunicación política II: La palabra del poder.*

65. [K] MEDINA LÓPEZ, J.: *Historia de la lengua española I. Español medieval.*

66. [L] GARCÍA MOUTON, P.: *Cómo hablan las mujeres.*

67. [M] CASTELLÓN ALCALÁ, H.: *Los textos administrativos.*

68. [N] REYES, G. Y OTROS: *Ejercicios de pragmática (I).*

69. [Ñ] REYES, G. Y OTROS: *Ejercicios de pragmática (II).*

70. [O] CARRASCO GUTIÉRREZ, A.: *La concordancia de tiempos.*

71. [P] RUIZ GURILLO, L.: *Las locuciones en español actual.* (Núm. extra)

72. [Q] LÓPEZ BOBO, Mª J.: *La interjección. Aspectos gramaticales.*

73. [R] RUIZ GURILLO, L.: *Ejercicios de fraseología.*

74. [S] DEL TESO MARTÍN, E.: *Compendio y ejercicios de semántica.*

75. [T] GALÁN RODRÍGUEZ, C. Y MONTERO MELCHOR, J.: *El discurso tecnocientífico: la caja de herramientas del lenguaje.*

76. [U] CUETO VALLVERDÚ, N. Y LÓPEZ BOBO, Mª J.: *La interjección. Semántica y Pragmática.*

77. [V] FERNÁNDEZ LEBORANS, Mª J.: *Los sintagmas del español. I. El sintagma nominal.*
78. [W] LOUREDA LAMAS, O.: *Introducción a la tipología textual.*

EN PREPARACIÓN:

H. LÓPEZ MORALES: *El abc de la sociolingüística.*
J. A. MARTÍNEZ: *Construcciones concesivas y otras construcciones contrastivas.*
Alfredo I. ÁLVAREZ: *Construcciones modales.*
Antonio FERNÁNDEZ: *Construcciones condicionales.*
S. GUTIÉRREZ ORDÓÑEZ: *El atributo.*
A. FERRAZ MARTÍNEZ: *Identidad y paradoja en el lenguaje publicitario.*
Javier MEDINA LÓPEZ: *Historia de la lengua española II. Siglos de Oro.*
L. JUANATEY: *Aproximación a los textos narrativos en el aula (III).*